Über die Autorin

Auch ich gehöre zu den Leuten, denen das Redetalent nicht in die Wiege gelegt wurde. Mich zog es nie auf die Bühne und ans Rednerpult auch nicht Wie bewunderte ich meinen damaligen Ehemann, der es liebte, sich als Entertainer jedes Publikum zu ergattern, das sich ihm zur Verfügung stellte. Aber auch eine Freundin, mit Leib und Seele Schauspielerin, war nur glücklich, wenn sie die Scheinwerfer auf sich gerichtet sah. Nee, zu dieser darstellenden Gilde gehörte ich nie. Aber – wie das Schicksal es wollte, sah ich mich durch meinen beruflichen Werdegang genötigt, andere Menschen zu unterrichten, sie zu motivieren und für neue Lebensziele zu ermutigen. Da ich bestimmte Vorstellungen davon hatte, welche Sachverhalte übermittelt werden sollten und weil es wichtig war, das in der entsprechend überzeugenden Weise zu tun, überwand ich mich und stellte mich mit zitternden Knien einem wachsenden Publikum. Auch meine Zuschauer wollte ich dann ja ermutigen, Vorträge zu halten und das neu erworbene Wissen weiterzugeben. So sah ich mich vor die Aufgabe gestellt, ein einfaches Geländer, praktisch eine Schablone zu entwickeln, mit deren Hilfe sich jeder Redner, jede Rednerin sicher und angstfrei jedem Publikum stellen kann. Für mich und für jeden Interessenten an dieser einfachen Methode gelingt es nun leicht, eine interessante und spannende Rede zu halten, der man gerne zuhört. Das gilt für 3 Zuhörern, genauso wie für 300. Dabei soll der eigene Spaß nicht zu kurz kommen. Probieren Sie es aus! Viel Freude dabei, die werden Sie auch haben - *Ihre Ingrid Schlieske*

Eine gelungene Rede ist kein Zufallsprodukt

Jedermann kann es lernen, sein Publikum

und seine Gesprächspartner zu bezaubern

Eine gute Rede folgt einer ausgeklügelten
Dramaturgie, die zielgerichtet zum

beabsichtigten Erfolg

führt

Impressum

Bibliografische Information der
Deutschen Nationalbibliothek
Die Deutsche Nationalbibliothek
verzeichnet diese Publikation in
der Deutschen Nationalbibliothek;
detaillierte bibliografische Daten
sind im Internet über
www.dnb.de abrufbar

© 2016 Ingrid Schlieske

ISBN 978-3-8482-0747-3

Herstellung und VerlagBoD – Book on Demand, Norderstedt

Inhaltsverzeichnis

Artikel	Seite
Vorwort: Eine gekonnte Rede „für alle Tage"	7
Das müssen Sie einfach wissen, wenn sie planen, eine Rede zu halten....	10
Rhetorik ist mehr als reden	12
Bloß keine Angst vor Neuem	14
Angst vor der Rede? Aber wieso denn?	18
Entmutigende Erlebnisse haben sich fest verankert	20
Mein Vortrag ist immer ein Geschenk an das Publikum	22
So stelle ich mich dem Publikum vor	24
Identifikation mit meinem Produkt ist unabdingbar	25
Die fatalen und auch die hilfreichen Glaubenssätze	26
Jede Beratung, jede Rede ist immer auch ein VERKAUFSGESPRÄCH .	28
Konsequenter, chronologischer Aufbau: die DRAMATURGIE der Rede	31
Überzeugen heißt nicht überreden	32
Überzeugungsfaktoren	34
Was für ein Rednertyp sind Sie?	35
Easy going! Der Weg kann leichtfüßig zurück gelegt werden	36
Gott liebt die Sieger – die Menschen lieben sie auch, die Sieger!	37
Sie wirken genauso, wie Sie wirken wollen	38
Ihre Stimme ist ein wichtiges Instrument	39
Die eigene Stimme, wie sie zu nutzen ist	40
Bedeutungs-volles Sprechen – wie das zu trainieren ist	41
Die geschickte Wahl der Worte/Formulierungen	42
Drastische Redewendungen	43
Überflüssige Redewendungen/Floskeln	44
Der Unterhaltungswert einer Rede	45

Inhaltsverzeichnis Fortsetzung

Artikel	Seite
Redephasen – bedeutungsvolle Pausen	46
Achtung – Körpersprache! Unbeabsichtigte Signale!	47
Gesten, und was sie vermitteln	48
Kontakt zum Publikum bewusst herstellen	49
Meine Glaubwürdigkeit, schlüssige Argumente	50
Unterschied zwischen Argumenten und Parolen	51
Sitzordnung in Räumen unterschiedlicher Größe	52
Vorbereiten des Veranstaltungsraumes	53
Mein Äußeres, die Kleidung, die Frisur	54
Willkommenes Lampenfieber	55
Unruhe im Raum	56
Rede mit Diskussionsteil	57
Fragen aus dem Publikum, noch ein paar Tipps	58
Gelesene reden	59
Beispielverläufe von Reden und Gesprächen	60
Anregungen für den Verlauf unterschiedlicher Rede-Ziele	61
Hilfreiche MATRIX für jedwede Überzeugungsarbeit	71
Thymusklopfen zur Steigerung des Selbstbewusstseins	72
Das Unterbewusstsein als Assistenz für eigene Zielsetzung	73
In eigener Sache	74

Es sind tatsächlich nur 5 Tipps, die Ihr REDEN, ja Ihr ganzes Leben und alle Ihre Pläne auf den Kopf stellen können und ihnen möglicherweise eine ganz andere, eine viel bessere Richtung geben. Nehmen Sie mich also beim Wort!

Eine gekonnte Redestruktur – „für alle Tage"

Sie fragen Sich, weshalb meine Buchtitel von der Struktur „*für d a s Reden*" und nicht für „*d i e Reden*" spricht?
Ich habe meinen kleinen Ratgeberbuch beileibe nicht alleine für alle die Redner und Vortragskünstler geschrieben, für Menschen also, die berufsmäßig Vorträge halten und die damit erfolgreich sein wollen/müssen.

Vielmehr will ich a l l e n Interessenden mit meinen einfachen REZEPTEN zur Seite stehen, und zwar bei ganz vielen Gelegenheiten des Alltags. Und dazu gehört nach meinem Verständnis. ein brauchbarer und alltagstauglicher Wegweiser, dem man vertrauensvoll folgen kann. Dies für einen deutlich besseren beruflichen, geschäftlichen, aber auch privaten Erfolg.

Meine Hinweise resultieren aus meinem eigenen Erfahrungswissen und sind vielfach erprobt.

Sie schauen etwas verständnislos, wenn ich von vielen unterschiedlichen Gelegenheiten des Alltags spreche, nicht wahr? Und die alle sollen mit einer einzigen Struktur abgedeckt werden können? Und wollten wir uns nicht eigentlich vornehmlich als Redner bei geplanten Vorträgen und Versammlungen profilieren?

Ja doch, genau darum geht es (auch). Aber beim näheren Hinsehen wird offenbar, dass alles was wir sagen, wenn wir eine bestimmte Wirkung beabsichtigen, einem wohlüberlegten Muster *folgt*, wenn es um ER-*FOLG* geht. Denn es soll ja etwas *er-folgen*. Ein positives Ergebnis nämlich.

Also, allzu viel Neues ist es gar nicht, was ich Ihnen zu berichten habe. Vielmehr wird Ihnen das meiste davon durchaus bekannt sein. Aber das Geheimnis des Erfolges liegt darin, dass dieses Grundwissen zu planvollem Vorgehen geordnet ist und auf diese Weise zielgerichtet angewendet werden kann um gute Ergebnisse zu erzielen.

Alle meine Hinweise sind leicht nachzuvollziehen und werden Ihnen so manches AHA-Erlebnis vermitteln. Sie werden überrascht sein, wie gut das funktioniert.

Überlassen Sie die angestrebten Erfolge nicht einfach dem Zufall, dirigieren Sie jedes Gespräch, jede Beratung, jedes Coaching, jede Verhandlung, jede Werbung in genau die Richtung, in der ein positives Ergebnis erwartet wird.

Aber auch ein Gespräch mit dem Chef, eine Bewerbung, ein politisches Anliegen, das Vortragen einer technischen Neuerung, das Präsentieren einer wissenschaftlichen Schrift, all das soll dieser Dramaturgie einer Rede folgen.

Selbst bei einer Ansprache, einer Hochzeitsrede, einer Trauerrede, einer therapeutischen Beratung, immer geht es darum, das Gespräch, die Rede so zu gestalten, dass die Zuhörer die damit verbundene Absichten klar erkennen und annehmen können, ja dass sie zu begeistern sind von dem, was ich ihnen zu sagen habe.

Und genau dafür ist es empfehlenswert, dem ROTEN FADEN, einer klugen Dramaturgie nämlich, zu folgen und die Aussagen nicht wild herumdümpeln zu lassen und völlig ungeordnet Botschaften und Argumente in den Gesprächsverlauf zu werfen.

Auch ist es mir ein besonderes Anliegen, Coachs und Therapeuten die Angst zu nehmen, die eigene Leistung zu bewerten und dafür einen angemessenen Preis zu nennen.

Beratungen auf jeder Ebene bedürfen einer selbstbewusst geführten Gesprächsstruktur.

Hemmungen bei solchen Gelegenheiten resultieren immer aus Unsicherheit und Ängsten, aus falsch verstandener Bescheidenheit und aus lebenslang wirkenden Glaubenssätzen, die als Hürden und Blockaden wirken. Diese aber sind leicht zu überwenden, wenn man auf sein sicheres Gelände, seine vorgegebene MATRIX bauen kann.

Mein Ratgeberbuch erhebt nun keineswegs den Anspruch der Vollständigkeit. Aber Sie werden erkennen, wie leicht sich Fehler einschleichen, die sich auf das Ergebnis einer Rede/eines Gespräches fatal auswirken können und wie einfach es wiederum ist, seine eigene Arbeit zu optimieren, damit genau das Ziel erreicht werden kann, das angestrebt wird. Genau deshalb führe ich Ihnen eine Reihe von Beispielsituationen vor Augen und gebe Ihnen, über meine REDE-TIPPS hinaus Empfehlungen, wie Sie diese zu Ihrem Nutzen gestalten können.

Mir geht es darum, Ihnen das Handwerkzeug zueignen zu machen, das dazu befähigt, leichtfüßig den Erfolgsweg zu gehen. Und das tatsächlich in allen Lebenslagen.

Studieren Sie alle Tipps, die ich Ihnen geben kann und ermitteln Sie, wo in Ihrem Auftreten Nachbesserungen angebracht sind.

Vor allen Dingen, aber, geben Sie Ihren Gesprächen und Vorträgen die Struktur, die als MATRIX für alle Gelegenheiten allen Reden unterlegt werden kann.

Verinnerlichen Sie die DRAMAURGIE der Rede.

Sie meinen, das ließe sich nicht immer und überall anwenden? Eben doch, fast überall, probieren Sie es aus, und überzeugen sich von EASY GOING!

Mit meinen guten Wünschen schicke ich Sie in alle Ihre künftigen (erfolgreichen) Gespräche,

Ihre Ingrid Schlieske

Das müssen Sie wissen, wenn Sie planen, eine Rede zu halten

Haben Sie sich schon mal für eine Rede vorbereitet?
Sie fanden das ziemlich mühsam und Ihre Angst war groß, dass Sie sich blamieren und vielleicht wesentliche Teile Ihres Vortrages einfach vergessen? Oder Sie ängstigten sich, dass Sie dem gut informierten Publikum vielleicht nicht gewachsen sind?
Mit meinem kleinen Rhetorik-Wegweiser will ich Ihnen ein paar Tipps an die Hand geben, *wie sie als Redner, als Rednerin, grundsätzlich erfolgreich sind*, oder zumindest dem Erfolg ganz dicht auf den Fersen bleiben.

Mit ein paar kleinen Zahlen will ich Ihre Ängste jetzt erst einmal entschärfen. Und über dieses „Zahlenspiel" werden Sie nicht schlecht staunen.
Wenn Sie nämlich meinen, die Brillanz Ihres beabsichtigten Vortrages hinge in allererster Linie von dem Sachinhalt ab, den Sie sich so mühevoll erarbeitet haben, muss ich Sie enttäuschen. Schließlich ist das Thema des Vortrags von Ihnen so spannend aufbereitet, dass Ihre Zuhörer davon gefesselt sind und dass es Ihre Botschaft sein wird, mit der Sie total überzeugen können. Aber das ist ein Irrtum. Freilich, Ihr Fleiß ehrt Sie und Ihre vorbereitete Rede muss natürlich Hand und Fuß haben, schließlich wollen Sie damit ja etwas erreichen.
Aber der beabsichtigte Eindruck, den Sie bei Ihrem Publikum erwirken wollen, hängt von etwas ganz anderem ab, was sogar ausschlaggebend ist und <u>in erster Linie</u> den Erfolg Ihrer Rede bestimmt.

Die Überzeugungsfaktoren Ihrer Rede: überraschende Prozentzahlen

Ihre **Persönlichkeit** – die auf das Publikum wirkt	zu **54%**
Die **Formulierungen** in Ihrer Rede, sprechen den Zuhörer an	zu **39%**
Der **Sachinhalt** Ihrer Rede, wird vom Publikum wahrgenommen (nur)	zu **7%**

Was können wir daraus schließen?

Es ist selbstverständlich von Bedeutung, in seinem Sachgebiet ausreichend kundig zu sein, wenn man darüber reden will.

Aber, um den angestrebten Erfolg zu erreichen, ist es mindestens genauso wichtig, dem eigenen Erscheinungsbild, Ihrer Ausstrahlung und Ihrer ganz eigenen Art, die richtigen Worte zu wählen, große Aufmerksamkeit zu widmen.

Menschen nehmen Darbietungen jeder Art, und dazu gehören auch Vorträge, mit allen Sinnen wahr.

So liegt es an dem Geschick und dem Einfühlungsvermögen des Redners, der Rednerin, diese Sinne anzusprechen.

Meine Hinweise, die Sie an vielen Stellen in diesem kleinen RATGEBER finden, zielen genau darauf ab und helfen Ihnen dabei, jede Ihrer Reden grundsätzlich zu einer Erfolgsstory werden zu lassen.

Rhetorik ist mehr, als reden!

Wohl kaum jemand hält eine Rede, weil er ein Freizeitproblem hat. Vielmehr steckt immer eine bestimmte Absicht dahinter. Eine Rede soll auf einen Erfolg abzielen. Sie soll ein Produkt, eine Methode, eine Ideologie, eine Dienstleistung oder eine Ansicht vorstellen und das Publikum dazu bewegen, sich dafür zu interessieren, es zu kaufen, zu nutzen, sich zu eigen zu machen. Um das zu erreichen, ist eine Präsentation erforderlich, also eine Rede, ein Vortrag.

Genau genommen, geht es also bei jeder Rede, bei jedem Vortrag um WERBUNG, was denn sonst? Wir werben immer um eine Sache, ein Ergebnis, eine Veränderung u.v.m.

Damit das alles werbewirksam erfolgen kann, biete ich mit meinem RATGEBER „Rezepte" dafür an, die mit den „richtigen Zutaten" versehen, die angestrebten Erfolge gewährleisten. Und das ist ja das Ziel, nicht wahr?

Gewusst wie! Darum geht es und genau das kann man lernen, sich einüben.

Also lernen Sie Ihr eigenes Potential kennen. Erleben sie, was für Sie nach dem Studium meiner Anregungen, möglich ist.
Dazu gehört auch so manches AHA-Erlebnis, das Sie haben werden und die ehrliche Analyse Ihrer bisherigen Rede-Erfahrungen.

Finden Sie heraus, wie Sie Ihr Publikum verzaubern können. Ob dieses aus einer einzigen Person besteht, oder aus 1000 Zuhörern.

Charisma, Ihre Stimme, Ihr Aussehen, intensive Blicke, Energie, die ganz persönliche Ausstrahlung und sogar Schlagfertigkeit, sind Instrumente, über die jeder verfügt, wenn er sich darin übt.

So kann es, neben dem verstandesmäßigen Erfassen, auch das innovative Erleben und Darstellen eines Sachinhaltes sein, damit auf humorige und spielerische Weise, eine richtig gute Rede, ein Vortrag gehalten, oder eine Verhandlung geführt werden kann..

Nur Mut, trauen Sie sich!
Es gibt tatsächlich nur ganz wenige Menschen, die als Redner geboren werden. Wenn Sie nicht dazu gehören, so werden Sie es dennoch in Kürze lernen, auf dieser Klaviatur virtuos zu spielen.

Ich werde Ihnen dabei helfen, sich für Ihre eigenen künftigen Reden oder Ansprachen, für Ihre Präsentationen oder Beratungsgespräche, ja auch auf Verhandlungen, perfekt vorzubereiten und sich genauso zu präsentieren, wie es für das anstehende Thema passend und erfolgreich sein wird und wie es Ihrer eigenen Persönlichkeit entspricht.

Dafür wünsche ich Ihnen richtig gutes Gelingen und Ihnen selbst und Ihrem Publikum viel Spaß und wachsende Interesse füreinander.

Bloß keine Angst vor Neuem

Auch senn Sie als Redner Neuland betreten, werden sich für Sie damit schöne und interessante Erfahrungen ergeben. Sie sind dabei, Fähigkeiten zu erobern, die Ihnen auf vielen Ebenen künftig nützlich sein werden.

Ihr gesamter Umgang mit Ihren Mitmenschen wird auf eine andere Basis gestellt sein. Sie werden jedes Gespräch, das Sie planen, unter völlig neuen Vorzeichen führen. Sie werden es zielgerichtet aufbauen und damit jedes angestrebte Ergebnis nicht mehr aus den Augen verlieren.

Es ist nur natürlich, wenn Sie vor einer völlig neuen Herausforderung etwas Herzklopfen haben. Vor allem dann, wenn Arbeit vor oder mit dem Publikum für Sie völlig neu sind.

Angst ist eine absolut natürliche Regung und ein genetisches Mitbringsel, das tief in uns verwurzelt ist.

Vor Urzeiten war Neues, Ungewohntes
- Warnung vor einer Gefahr
- Warnung vor einer Bedrohung
- Aussicht auf einen Kampf
- Drohender Verlust von Nahrung, der Unterkunft, der Gemeinschaft, des Lebens

In uns gibt es noch immer Reste eines solchen Signals, das warnt: *„lieber nicht!"*

Unsere Vorfahren haben dafür Glaubenssätze formuliert, die z.B. lauten, wie:
- Wer sich in Gefahr begibt, kommt darin um

- Vorsicht ist die Mutter der Porzellankiste
- Wenn dem Esel zu wohl wird, geht er auf's Eis tanzen
- Übermut tut selten gut
- Begib Dich nicht auf dünnes Eis
- Wer zu hoch hinaus will, wird tief fallen
- Gehe lieber auf „Nummer Sicher"

Wer sich ausschließlich auf solche Glaubenssätze verlässt und nur auf die „warnende Innere Stimme" (die ja weitgehend antrainiert ist) einlässt, versäumt das Leben. Er wagt nichts, wächst nicht, macht keine neuen Erfahrungen und lernt sich und seine wunderbaren und vielseitigen Möglichkeiten niemals kennen.

Risikovermeidung bedeutet, auf die eigene Sicherheit zu pochen, Bequemlichkeit vorzuziehen, den Gewohnheiten zu verfallen, als Herdentier zu leben. eingleisig zu denken – und letztlich: sich (ein wenig oder ganz dolle) zu langweilen.

Sich auf das Leben einzulassen bedeutet hingegen, die Ebenen der Verhaltensmuster zu verlassen. Dazu gehören ein wenig Mut und die feste Absicht, etwas zu wagen, wie z.B.:

- Sich für Neues zu öffnen
- Sich leerzumachen, damit man Neuem Platz machen kann
- Ballast abzuwerfen und auszusortieren, was nur Bürde war
- Störungen zu entfernen und den Mut zu haben, das zu erkennen
- Mauern einzureißen, weil man in der Enge gefangen war
- Sich selbst zu überwinden, um neue Erfahrungen machen zu dürfen
- Ungünstiges zu verabschieden, damit Freude sich ausbreiten kann
- Sich etwas zu trauen, worin man noch keine Erfahrungen hat.

- Ballast abzuwerfen, damit man nicht Unnötiges tragen muss
- Zu neuen Ufern aufzubrechen, um den Horizont zu erweitern
- Lust auf das Meer zu haben, um anders über Bäche zu denken

Das wirkliche, das interessante Leben ist immer mit Wagnis verbunden, mit Mut, der aufgebracht werden muss und der Lust darauf, zu NEUEN UFERN aufzubrechen.

In der Fernöstlichen Yin-und Yang-Philosophie sind die Menschen, die vornehmlich auf Sicherheit aus sind, dem YIN zugeordnet. Das ist das weibliche, das bewahrende Prinzip. Auch das ist wichtig. Wer aber ein interessantes, ein abwechslungsreiches Leben führen will, gibt auch dem YANG-Prinzip, dem schöpferischen, dem männlichen Prinzip Raum.

Hier genau sind die Abenteuer, die spannenden Erlebnisse, die neuen Erfahrungen, ja (und auch der Übermut) und das Wagnis angesiedelt.

Das Schöpferische in uns ist das göttliche, das aufsteigende YANG-Prinzip. Dazu gehört:

- ✓ Kreativität – also die Freude am Gestalten, am Konstruieren
- ✓ Ideenreichtum – Jede Idee trägt auch die Möglichkeit der Verwirklichung in sich
- ✓ Risikobereitschaft – *no risk – no fun!*
- ✓ Selbstsicherheit – man liebt was man tut und das verleiht Flügel
- ✓ Sonniges Gemüt – Freude, weil ein „neues Projekt am Start" ist
- ✓ Sich einlassen – mit Neugierde und Lust auf Neues und auf die Zukunft

Also: Ran an neue Erfahrungen! Die richtige Kommunikation gehört dazu!
Die öffentliche Rede kann eine besonders schöne Erfahrung sein, weil sie gelingt, wenn man ein paar Regeln beachtet und sich einfach trauen will.

Hilfreich dafür ist es, die <u>Grundregeln</u> für gelungenes Reden zu verinnerlichen und sich sicher und ganz selbstverständlich dem Fluß eines gut geplanten Vortrages hingeben zu können.

Damit ist der Weg frei *für alle Pläne*, die mit Publikum und auch mit Klienten-Arbeit, also Beratungen oder Verhandlungen, verbunden sind.

Sie werden erkennen, dass die Dramaturgie für erfolgreiches Reden vergleichbar ist mit einem guten Musikstück, in dem der Takt, der Rhythmus, die Melodie, die maßgebliche Rolle spielen.

Hier beginnen wir auch mit einem Auftakt, dem Spiel und lassen die Melodie folgerichtig ausklingen.

Wenn Sie sich vor Augen und Ohren führen, dass es auch beim Reden auf die „Tonfolge" ankommt, werden Sie zunehmend Freude daran haben, für Ihre Reden oder Gespräche die passenden „Melodien" zu komponieren….

Sie meinen, dieser Vergleich sei ein wenig weit hergeholt. So empfehle ich, Ihre künftige Arbeit mit Publikum einmal mit Hilfe einer solchen, spielerischen Note zu betrachten. Es wird Ihnen Spaß machen, Sie werden schon sehen!

Angst vor der Rede? Aber wieso denn?

Bewusstmachen kann diese Angst vollständig auflösen. Ich kläre zunächst für mich selbst die Bedeutung meiner Rede, und auch den Wert, den sie für mein Publikum haben kann, darstellen wird.

Ich analysiere ehrlich für mich:

- Wie kompetent bin ich? – Dazu muss ich nicht allwissend sein. Wenn ich Erfahrungswissen habe oder neue Informationen,, wird das für mein Publikum nützlich sein

- Wie wissend ist mein Publikum? In vieler Hinsicht vielleicht sogar deutlich mehr als ich. Aber die Menschen kommen zu mir, um *mein Wissen* kennenzulernen, von *meinen Erfahrungen* zu profitieren, nicht, um sich mit mir zu messen

- Was verändert sich für meine Zuhörer durch meine Hinweise und meine Motivation, was können sie davon anwenden? Denn darum genau geht es, meine Erläuterungen müssen auf der Stelle, oder kurzfristig nutzbar sein

- Ist der Nutzen meines Vortrages die Gebühr für mein Seminar wert? Hier lohnt es sich, buchstäblich zu errechnen, wie der tatsächliche Mehrwert für meine Zuhörer aussehen kann. Z.B. kann ein einziger wertvoller Rat ein ganzes Leben positiv beeinflussen. Was ist das wert?

- Womit und wie kann ich mich so vorbereiten, dass meine Kompetenz für jeden der Anwendenden eine Bereicherung darstellt? Wichtig ist, dass ich selbst die guten Erfahrungen gemacht habe, von denen ich berichte, oder dass ich sie bei anderen Klienten direkt erlebt habe. Wenn ich selbst überzeugt bin, kann ich die Überzeugung auch engagiert weitergeben (nur dann!!!)

- Wieviel Wissen muss ich mitbringen, wenn ich mein Publikum überzeugen will? Natürlich muss ich selbst verstanden haben, wovon ich spreche. Wer interessiert sich schon für graue Theorie.
  Dennoch muss ich sachdienliche Zusammenhänge so einfach wie möglich darstellen und erläutern können, wenn ich sie weitergebe

- Was kann ich tun, damit mein Publikum meine Nervosität nicht spürt? Flüssiges Reden ist weitgehend Übung. Sagen Sie Ihrem Publikum ruhig dass Sie ganz zitterig sind. Aber auch, dass Sie von Ihrem Thema derart überzeugt sind, dass es Ihnen ein Anliegen ist, davon zu erzählen

- Wie kann ich verhindern, dass mir zu viele Fachfragen gestellt werden, die ich vielleicht nicht hinreichend beantworten kann?
  Indem Sie ehrlich sind und Ihrem Publikum gleich zu Beginn Ihres Vortrages sagen, dass Sie in erster Linie *für Ihr Erfahrungswissen* zuständig sind und dafür, dass jeder Anwesende es ebenfalls sofort anwenden kann und sich davon überzeugen will, dass es wirkt und wie es wirkt.
  Geben Sie zu, dass möglicherweise Fragen auftauchen, die Sie nicht sofort beantworten können. In einem solchen Fall werden Sie sich kundig machen und die Antwort kurzfristig übermitteln

Entmutigende Erlebnisse haben sich fest verankert

Jeder hat in seinem Leben eine Reihe von entmutigende Erfahrungen machen müssen. Es kommt darauf an, wie man damit umgeht, damit sie sich nicht negativ auf ein ganzes Schicksal auswirken.

Es sind aber eben oft die entmutigenden Erlebnisse, die der Grund dafür sind, dass man oft zögert, sich nicht traut, der Mut einen verlässt, wenn man eigentlich nach vorne marschieren will.

Glaubenssätze haben sich oftmals fest in unser Unterbewusstsein gegraben und lassen sich daraus nur schwer wieder vertreiben. Sie rühren aus Erlebnissen in der Kindheit, dem Elternhaus, der Schule und in der Jugend. her.

Glaubenssätze können sich mit jeder negativen Erfahrung auswachsen und zu Prägungen werden, die ein ganzes Leben überschatten.

Beispiele für solche prägenden Erfahrungen sind folgende Aussprüche:

- ➢ Halte den Mund
- ➢ Warte, bis Du gefragt bist
- ➢ Sei bescheiden
- ➢ Dränge Dich nicht in den Vordergrund
- ➢ Sei zurückhaltend
- ➢ Reden ist Silber, Schweigen ist Gold
- ➢ Das kannst Du sowieso nicht
- ➢ Das interessiert keinen Menschen
- ➢ Bist Du sicher, dass die Leute das wissen wollen?

- ➢ Behalte Deine Meinung für Dich
- ➢ Rede keinen Unsinn
- ➢ Rede nur, wenn Du gefragt wirst
- ➢ Du wiederholst Dich ständig
- ➢ Du nervst mit Deinem Gerede
- ➢ Das ist doch Quatsch, was Du so von Dir gibst
- ➢ Überlege erst genau, wenn Du etwas sagst
- ➢ Sprich nur, wenn das Gesagte Hand und Fuß hat
- ➢ „Nimm Dir ein Beispiel an Deiner Schwester, wie die das schon beherrscht"

Demütigende Gefühle entstehen, wenn man ausgelacht wurde, weil:

- ➢ man bei einer Rede stockte
- ➢ man vergessen hatte, was gesagt werden sollte
- ➢ man sich versprochen hat
- ➢ das Publikum unaufmerksam war
- ➢ man innerhalb einer Rede nicht weiter wusste
- ➢ beim Reden man immer unsicherer wurde
- ➢ man weniger Leistungen brachte, als die Altersgenossen
- ➢ man etwas nicht gleich, oder überhaupt nicht, verstanden hatte
- ➢ man ein Thema verfehlt hatte
- ➢ man eine Frage falsch beantwortet hatte
- ➢ man Angst vor den Zuhörern oder Lehrern oder Prüfern hatte
- ➢ Menschen, zu denen man sprach, völlig uninteressiert waren
- ➢

Prägungen jedoch sind nicht einzementiert. Es ist durchaus möglich, sie loszulassen und durch neue Affirmationen zu ersetzten, die laufend trainiert, ebenfalls zu Prägungen werden, die dann bewusst als Instrumentarium eingesetzt werden.

Mein Vortrag ist (immer) ein Geschenk an das Publikum

Wenn ich mir das bewusst mache, verliere ich alle Unsicherheiten. Denn wer weist schon ein Geschenk zurück das liebevoll, mit ganzem Herzen überreicht wird.

Meine Motivation soll immer sein, dem Publikum nützlich zu sein, es zu bereichern. Ein solches Geschenk ist immer willkommen.

Für mich selbst muss ich meine Beweggründe für die Rede klar stellen. Wieder geht es um Bewusstmachen. Ich muss mich danach fragen, weshalb mein Publikum meine Rede braucht, weshalb es wichtig ist, von meinen Erfahrungen zu hören.

Weil mir mein Thema ein echtes Anliegen ist, gehe ich folgendermaßen vor:

Ich bereite mich vor	dafür mache ich mich kundig
	dafür lerne ich
	dafür übe ich
	dafür arbeite ich aus
	dafür kleide ich mich entsprechend
	dafür fülle ich mich mit liebevoller Energie
Ich will erreichen	dass ich belehren kann
	dass ich überzeugen kann
	dass ich verändern kann
	dass ich motivieren kann
	dass ich klar stellen kann
	dass ich informieren kann
	dass ich ggf. warnen kann

	dass ich glücklich machen kann
Ich heiße willkommen	dafür statte ich Räume aus
	ich kümmere mich um Bestuhlung
	ich kümmere mich um Licht
	ich bereite Hilfsmittel vor
	ich organisiere Getränke
	ich organisier ggf. einen Imbiss
	ich begrüße die Teilnehmer
	ich strahle viel Herzlichkeit aus
	wenn möglich, begrüße ich jeden Ankommenden persönlich

Energetische Vorbereitung auf die Vortragsarbeit mit Selbsthilfemethoden

Um mein Selbstbewusstsein und meine Selbstsicherheit zu stärken, „rüste ich mich mit Energiearbeit auf. Dafür haben sich folgende Maßnahmen bewährt, mit deren Hilfe ich mich vorbereite:

Meditation	dafür empfehle ich BSFF **B**e **S**et **F**ree **F**ast. Diese Methode nach *Nims* zieht das eigene Unterbewusstsein bei, um es für seine Ziele einzuspannen.
Meridianklopfen	Einfaches Beklopfen bestimmter Akupunkturpunkte auf den Meridianverläufen, kann emotionale Blockaden lösen, die Heilungen auf allen Ebenen entgegenstehen. Dazu gehören auch unerwünschte Prägungen und Glaubenssätze.

Beide Methoden erläutere ich in meinem RATGEBER Meridianklopfen RAUS MIT DER ANGST aus Deinem Leben und einer kleinen Darstelllung S. 71 u. 72

So stelle ich mich dem Publikum vor

Vor meinem Vortrag

Ich lasse dem Publikum Zeit, mich zu mustern
Ich stelle den Augenkontakt mit dem Publikum her
Ich richte mein Interesse bewusst auf das Publikum
Ich umfange die Anwesenden mit meiner Energie
Ich lasse meine Blicke langsam schweifen
Ich lächle mit Wärme im Blick in die Runde
Ich heiße die Anwesenden herzlich willkommen
Ich nenne deutlich meinen Namen und meinen Beruf
Welches Wissen veranlasst mich, heute zu sprechen
Welches Ziel <u>verfolge ich für mich</u> mit der Rede
Welches Ziel <u>verfolge ich für die Gäste</u> mit der Rede

***„Ich freue mich auf die Zusammenarbeit mit Ihnen
Welcher Nutzen erwächst Ihnen aus dem Vortrag"***

Nach meinem Vortrag
Wenn Interaktion möglich
ist, ansonsten können
Sie diese Möglichkeiten
erörtern
.

Was hat sich an Ihrer Sichtweise verändert?
Welche Schlussfolgerungen ziehen Sie?
Wie wollen Sie das Thema künftig umsetzen?
Wie sieht Ihre persönliche Zielsetzung jetzt aus
Motivation für das Thema ansprechen: *„das können
Sie auch, das erlernen Sie schnell" u.a.m"*

Klare und genaue Anweisung geben: *„jetzt unter-
nehmen Sie folgende Schritte...."*

Identifikation mit meinem Thema/Produkt ist unabdingbar

Dazu stelle ich eine innere Verbindung zu meinem Thema her. Ich nehme mir unbedingt Zeit dafür, meine eigene Einstellung zu dem vorgestellten Thema für mich zu klären.

Wie wichtig ist es für mich, wie überzeugt bin ich selbst?

Wie gelingt es mir, mich zu 100% zu überzeugen
Wodurch unterscheidet sich mein Thema/Produkt/
meine Dienstleistung, von Vergleichbarem
Was genau ist bei meinem Thema besser?
Was ist bei mir anders und warum?
Weshalb ist meine Angebot wie kein anderes?
***„Ich bin einfach nur begeistert von meinem Thema
Es ist mir wichtig, mein Wissen darüber mit Ihnen
zu teilen"***
Ich erläutere, weshalb mir das wichtig ist

Wie wichtig ist mein Vortrag für mein Publikum?

Es wird Ihr Leben verändern (erläutern weshalb)
Es ist enorm wichtig für Sie (erläutern weshalb)
Sie benötigen es weil …   (erläutern weshalb)

Beginnen Sie jetzt!
Schlussfolgerung aus diesem Vortrag genau erläutern
(Veränderung, Anwendung), was ist jetzt zu tun?!

Die fatalen und auch die hilfreichen Glaubenssätze

Hier sind sie, die miesen Spielverderber, die ***Erfolgsverhinderer***, die wir (unbewusst natürlich) gewohnheitsmäßig vor alles schalten, was wir planen und wozu wir (eigentlich) Lust haben. Und das ist keineswegs nur auf das Reden beschränkt.

Wenn Sie sich diese Auflistung einmal zu Gemüte führen, dürfen Sie getrost noch zusätzlich gaaaanz viele der ungeliebten Glaubenssätze, die Sie sich selber im Laufe Ihres Lebens angelacht haben, dazu schreiben.
Denn wir alle tragen solche Gewohnheitsdinger in Massen mit uns herum und schleppen sie ein ganzes Leben lang mit und lassen uns *freiwillig* von ihnen behindern und begrenzen.

Solche Negativlinge lassen sich durchaus aber in positive Glaubenssätze umwandeln, die wir unserem Unterbewusstsein einprägen können.
Dazu empfehle ich wieder ***Energiearbeit***, die ohne großen Zeitaufwand in den Tageablauf eingebaut werden kann (Meridianklopfen, Thymusklopfen, REM-Technik, BSFF= **B**e **S**et **F**ree **F**ast)

Negative Glaubenssätze in Bezug auf Rede-Fähigkeiten:

- ➢ Ich werde sowieso nie ein guter Redner
- ➢ Andere können das einfach besser
- ➢ Redetalent habe ich sowieso nicht
- ➢ Talente sind immer angeboren
- ➢ Ich rede nur, weil es zu meinen Pflichten gehört
- ➢ Eigentlich fällt mir das Reden schwer

- ➢ Schon als Kind konnte ich nicht…
- ➢ Unruhe im Publikum verunsichert mich
- ➢ Mir schlägt das Herz bis zum Hals, wenn ich weiß, dass ich reden muss
- ➢ Die Kompetenz meiner Zuhörer macht mich unsicher
- ➢ Die Erwartungshaltung meiner Zuhörer macht mir Angst
- ➢ Auf unerwartete Fragen fällt mir keine Antwort ein
- ➢ Ich weiß, dass Zuhörer in meinem Publikum sitzen, die fachlich sehr bewandert sind
- ➢ ich habe Angst, nicht ernst genommen zu werden
- ➢ Ich fürchte immer, mein Vortrag ist nicht interessant genug
- ➢ Ich bin einfach nicht der extrovertierte Typ
- ➢ Schon immer war es meine Angst, nicht zu genügen

Positive Glaubenssätze die man nicht oft genug wiederholen kann

- ✓ Ich kann es lernen, ein guter Redner/eine gute Rednerin zu werden
- ✓ Übung macht den Meister
- ✓ Alle erforderlichen Instrumente mache ich mir zu eigen
- ✓ Von Mal zu Mal werde ich besser
- ✓ Bewusst gehe ich die Übungsstrecke
- ✓ Ich ergreife jede Gelegenheit, um mich im Reden zu üben
- ✓ Ich weiß, der Weg zur Meisterschaft ist lang, ich werde ihn freudig gehen
- ✓ Ich weiß, dass mein Publikum meine guten Absichten erspürt
- ✓ Meine Themen können, das Leben des Publikums positiv verändern
- ✓ Ich liebe es, die Zuhörer mit liebevollen Gedanken zu umfangen
- ✓ Die Saat der Freude, die ich sähen will, wird üppige Blumen hervorbringen
- ✓ Charme und Liebenswürdigkeit stehen wir massenweise zur Verfügung
- ✓ Ich freue mich einfach – und das strahle ich auch aus

Jede Beratung, jede Rede sind immer auch VERKAUFSGESPRÄCHE

Machen Sie Frieden mit dem Wort „Verkaufen", denn: Jeder lebt vom Verkauf von irgendwas.

Für viele Menschen ist der Begriff „Verkaufen" gleichbedeutend mit „Überreden". Das ist schade, denn Verlaufen ist eine Kunst, die in anderen Kulturen hoch angesehen ist.
Nicht umsonst gibt es den Begriff „Rechtschaffender Kaufmann. Das beinhaltet Ehrlichkeit, Verantwortlichkeit, Nachhaltigkeit und Wahrhaftigkeit. Es soll dabei niemals um Überreden gehen, wohl aber um Überzeugen.

Und mein Ziel ist es grundsätzlich, wenn ich einen Vortrag halte, zu überzeugen. Die Schlussfolgerung für all' mein Handeln ist also immer der „Verkauf", wenn auch oft im übertragenen Sinn.

Viele Menschen haben eine Aversion gegen den Begriff „Verkaufen". Dazu will ich Ihnen einige Erlebnisse schildern, die beispielgebend dafür sind, dass es die Sichtweise, nicht der Begriff als solches ist, die zu der Einstellung geführt hat:

Eine Produktinformation ohne Verkaufserfolg
Viele Jahre lang habe ich, gemeinsam mit einer Heilpraktikerin im Kurhaus Bad Salzhausen unsere eigenen Kurgäste mit dem Trennkostkonzept betreut. Dort verfügten wir über eigene Räume und stellten im Rahmen unserer Unterweisungen auch passende Produkte vor, die wir dann verkauften, denn zu dieser Zeit betrieb ich auch einen vegetarischen Versand. Die Bestellungen dafür erhielten wir aus den vielen Trennkostseminaren (diese liefen in über 500 Städten und Orten parallel), die überall in Deutschland mit meinem Konzept durchgeführt wurden.

Eines Tages fragte ich meine Kollegin, weshalb sie denn gar keine Verkaufserfolge bei den Kurgästen erziele und ob sie denn die Produkte überhaupt präsentieren würde. Schließlich bewirteten wir ja unsere Gäste auch mit diesen Produkten und erläuterten regelmäßig ihren Wert.

Meine Mitarbeiterin versicherte mir, dass sie bei jeder Gelegenheit, wenn von Soja oder den anderen Produkten, die wir führten, die Rede war, diese vorstellte und die gesundheitliche Wirkung erklärte. „Seltsam, dachte ich, wenn ich selbst die Produkte vorstelle, komme ich gar nicht nach, mit der Notierung der Bestellungen."

Ich hatte aber gar keinen Grund, an den Worten meiner Kollegin zu zweifeln, denn sie war mir als aufrechter Mensch seit langem bekannt. Da unser Versand sowieso blendend lief, sah ich auch keinen Grund, der Sache nachzugehen. Ich dachte, es läge vielleicht daran, dass wir in einem Kurhotel waren, oder was weiß ich.

Aber eines Tages ging mir ein Licht auf. Ich vertrat meine Mitarbeiterin bei den Kurgästen und kam dann auch bei meinem Vortrag über trennköstliche Ernährung zu der dazu passenden Präsentation. Mittendrin fragte mich ein Herr: Frau Schlieske, die Heilpraktikerin Frau M. hat uns das alles auch schon erklärt, aber sie hat nicht gesagt, wie und wo man das denn kaufen kann.

Da hatten wir also den Grund für die Erfolglosigkeit. Meine Kollegin hat die nötige DRAMATURGIE EINER REDE, die ich auf den Folgeseiten erläutere, vor dem Fazit abgebrochen. Sie hat sich selbst die Möglichkeit des Erfolges abgeschnitten.

Aber nicht nur sie hat die Dramaturgie einer Rede nicht genutzt. Der gute Wille alleine genügt eben nicht, wenn man Ergebnisse seiner Vorträge erzielen will.

Eine Infoveranstaltung blieb trotz riesigem Erfolg ergebnislos

Gespannt wartete ich nach einer Infoveranstaltung, zu der eine Heilpraktikerin, die mit unserem System als Ernährungsberaterin tätig war, geladen hatte, danach auf ihren Bericht. Sie konnte ebenfalls kaum erwarten, uns, ihren Kolleginnen zu erzählen, wie erfolgreich die Veranstaltung gewesen war.

Sie verzeichnete über 60 Teilnehmer, und kam kaum nach, für diese vielen Leute die fehlenden Stühle herbeizuschaffen, wie sie sagte.

Und auch der Vortrag war ein voller Erfolg gewesen. Die Anwesenden waren restlos begeistert.

Ich versuchte den Redefluss der Ernährungsberaterin immer wieder zu unterbrechen, weil ich wissen wollte, wie denn das Ergebnis der Veranstaltung ausgefallen sei, denn das Ziel war ja, Interessenten für das anstehende Seminar zu gewinnen und auch Klienten, die sich für eine kostenlose Beratung auf eine Liste eintragen sollten. Meine Kollegin aber schaute mich verständnislos an, sie war doch so erfolgreich gewesen. Ihre Liste aber wies keine Eintragungen auf, weil dafür gar keine Zeit verblieben war. Die Liste war im Eifer des Gefechtes gar nicht herumgereicht worden, sie war über den ganzen Trubel ganz vergessen worden.

Die Anwesenden sind auch gar nicht darüber aufgeklärt worden, dass die Absicht bestand, sie für eine Seminarteilnahme zu begeistern. Dafür sind sie über die Trennkost informiert worden und wurden heim geschickt, ohne dass ihnen gesagt wurde, welches nun der weitere Schritt sein würde, wenn man das Konzept für sich nutzen wolle.

Freilich, das Publikum war hoch beglückt und ganz erfüllt gewesen von den interessanten Informationen. Aber, um diese für sich nutzen zu können, hätten sie nun selbst aktiv werden müssen, um zu erfahren, wie das denn nun gehandhabt werden könnte. Das WIE und das was zu tun ist, wurde ihnen jedoch vorenthalten.

An diesem Beispiel ist deutlich zu erkennen, wie wichtig der konsequent chronologische Aufbau einer Rede sein muss, wenn Ergebnisse das Ziel sind.

Konsequenter, chronologischer Aufbau: DRAMATURGIE der Rede

Eine Rede wird in der Absicht gehalten, dass sie zu einem Erfolg führt. Ein solcher Erfolg wäre beispielsweise ein Verkauf oder dass das Publikum von einem Produkt, einer Sache, einer Anschauung überzeugt werden soll, um danach das Verhalten zu verändern, oder andere Menschen zu einem anderen Verhalten zu bringen.

Ein Vortrag bleibt ohne das erhoffte Ergebnis, wenn er „wild", ohne Struktur geführt wird. Eine gute Rede folgt einer DRAMATURGIE, wie jedes Gespräch, das zu einem Ergebnis führen soll. Das gilt übrigens auch für eine Diskussion, oder ein Beratungsgespräch, ein Belehrung, eine Verhandlung etc..

Die Chronologische Abfolge der Rede

Vorstellen Ich stelle mich vor mit Namen, Beruf, Qualifikation für das
Thema

Absicht Ich nenne den (ehrlichen) Grund meines Vortrages, fixiere das Ziel für mich und das Publikum (was bezwecke ich)

Hauptthema Bisherige Sicht dazu (Wissenschaft, Wirtschaft, Mitbürger)
Ich trage den Sach-Inhalt des Vortrages verständlich und kurz vor.
Heutige Erfahrung, ggf. verbinden mit meinen Erfahrungen
Beispiele von Dritten, auch Beispiele aus meinem Erleben.

Motivation Nutzen für Sie: Umsetzung durch Sie. „das können Sie auch!"
Schlussfolgerung für Sie, Verheißung für Sie

Anweisung Aufforderung zum Handeln mit genauer Anweisung
z.B. zum Kaufen, Lernen, Unterlassen, Überlegen, Verändern,
Taten sprechen lassen, Weitertragen, Helfen, Anmelden, aktiv sein

---

Diese einzelnen Punkte sollen Ihnen in Fleisch und Blut übergehen und als MATRIX dem Verlauf j e d e r Rede unterlegt werden!!!

Wer zu überreden versucht, kann nicht wirklich nachhaltig überzeugen.

Entflammte, überzeugte, begeisterte, hoch motivierte Menschen neigen dazu ihre eigenen Ansichten ihren Mitmenschen „überzustülpen!"
Anstecken durch bloße Begeisterung nützt nur für den Moment. Die dadurch gewonnene Euphorie flacht nach kurzer Zeit ab und macht u.U. sogar einer gewissen Reue Platz, wenn es im Zuge der ersten Begeisterung vielleicht sogar zu einem Entschluss gekommen war. Wer erreichen will, dass das Publikum die übermittelten Fakten anwendet, muss echt überzeugen. Die Zuhörer müssen den Wunsch haben, etwas, oder sich zu verändern, Dabei helfen Aha-Erlebnisse und das Ansprechen von Gefühlen.
Wichtig jedoch ist es dabei, die nötige körperliche Distanz zu bewahren. Zum Publikum ebenso, wie zu einem oder mehreren Gesprächspartnern. Wenn Referenten nicht in ihrem eigenen Energiefeld bleiben und ihren Zuhörern zu eng „auf den Pelz rücken", wecken sie dadurch eher das Bedürfnis zurückzuweichen oder veranlassen sogar Fluchtreflexe. Das gilt auch für den privaten Bereich.

Die nachstehende Grafik soll das verdeutlichen:

Die Energiefelder (Aura) der Gesprächspartner sollen sich nur berühren, nicht überlappen.

Wenn der/die Vortragende den Gesprächspartnern zu nahe kommt, sich womöglich über sie beugt, wird das oft als vereinnahmend, eindringend, als übergriffig oder belagernd, empfunden.

Auf diese Weise angesprochene Menschen wollen sich solcher Bedrängnis entziehen.

Wenn das körperlich nicht möglich ist, so rückt man innerlich weit ab und ist für Argumente nicht mehr zugänglich, auch wenn sie noch so schlüssig sind.

Man will sich schützen vor der, als „bedrohlich empfundenen" Nähe.

Überzeugungsfaktoren

Welche Überzeugungsfakoren unterstützen eine Rede und auf welche Weise tun sie es?

Die Erscheinung	Die Optik: *„für den ersten Eindruck gibt es keine zweite Chance"*. Die Kleidung sollte dem Anlass angepasst und möglichst einfarbig gestaltet sein. Beste Beispiele: Kanzlerin Merkel, Königin Elisabeth von England die immer klare Farben tragen, keine Muster (jedenfalls keine heftigen Muster), um Aufmerksamkeit des Publikums nicht zu zerstreuen
Inhalt der Rede	Fassen Sie sich so kurz, wie möglich, mit schönen Formulierungen versehen, die mit Emotionen angereichert sind (mit Herzblut lt. Goethe: „wer niemals ruht, wer mit <u>Herz und Blut</u> auf Unmögliches sinnt, der gewinnt"). Beispiele aus eigenem Erleben einfließen lassen. Am Schluss Zusammenfassung mit wenigen Worten (Fazit)
Hilfsmittel, Arbeitsmaterial	Fotos, Flipchart, Stifte, Projektor sparsam verwenden, Fragebögen, Ausarbeitungen, Skizzen vorbereiten zum Verteilen.
Raumatmosphäre	Soll willkommen heißen. Warme Farben, Licht, Blumen
Persönlichkeit	Ausstrahlung von Selbstsicherheit, positiver Energie, Wohlwollen, Interesse und Verständnis für die Zuhörer. Energie, die ausschließlich auf das Publikum gerichtet ist. Vermitteln von der eigenen Begeisterung.
Ausdrucksweise	Saubere, deutliche Sprache, schöne Formulierungen, untermalt von liebenswürdiger Miene und schönen Gesten.
Stimme	Sie ist ein Instrument, das geschickt eingesetzt, warm klingen kann, mitreißend, zustimmend. warnend, oder auch autoritär, bestimmend.

Was für ein Rednertyp sind Sie?

Ermitteln Sie Ihre persönlichen Voraussetzungen und formen daraus genau den Rednertyp den es nun zu kultivieren gilt. Es macht wenig Sinn, eine Persönlichkeit darstellen zu wollen, die den eigenen Ressourcen nicht entspricht. Vielmehr ist es ratsam, das auszubauen, womit man selbst sich wohlfühlen kann, und was man gerne darstellt.

Nutzen Sie also, was Sie haben und beneiden niemanden um das, was er/sie darstellt!

Bilanz	Wie bin ich/was bringe ich mit?
	Wie kann/will ich wahrgenommen werden?
	Was genau muss ich kultivieren, verändern, einüben
	Wie sieht mein persönliches Konzept als Dramaturgie aus?
	Welche Formulierungshilfen muss ich mir erarbeiten
	Welche Glaubenssätze muss ich loslassen
	Was muss ich verändern: Optik, Gesten/Auftreten?
Verzichten Sie auf	Kopieren einer anderen Persönlichkeit
	Sich selbst zu verbiegen
	Sich zu verstellen, vorzutäuschen, was nicht zu mir gehört
	Nicht zu sich selbst zu stehen (nach dem Motto: „ich bin mir nicht genug, also kann ich auch anderen nicht genügen")
	Sich nach den Erwartungen von Anderen zu richten.

Das Publikum erspürt Unaufrichtigkeit (nonverbale Kommunikation) und quittiert die Rede mit Unzufriedenheit. Ein Referent, eine Referentin, der/die von sich und ihrer Sache fest überzeugt ist, findet i m m e r interessierte Zuhörer.

Easy going! Der Weg kann leichtfüßig zurückgelegt werden

„Erfolg ist mühselig! Der Mensch muss alles, was er haben möchte, hart erarbeiten…!"

Vergessen Sie solchen Unsinn. Hier zeigt sich ein Glaubenssatz der weit verbreitet ist und sich perfekt zum Verhindern des Erfolges eignet und zum vorzeitigen Aufgeben veranlasst.

Weshalb haben Sie Hemmungen, sich aus Ihrem eigenen Laden üppig zu bedienen? Es ist alles reichlich vorhanden. Sie brauchen nur zuzugreifen. Die Anwendung allerdings will gelernt sein und muss auch ein wenig geübt werden.
Klar, der Weg zum Ziel ist manchmal anstrengend, wie jede Übungsstrecke, aber immer spannend und kurzweilig und oft genug vergnüglich.
Wichtig alleine ist es, sich auf den Weg zu begeben und ihn auch dann nicht zu verlassen, wenn er zeitweise etwas holperig wird.

Wir haben ein ganzes Arsenal von Instrumenten zur Verfügung. Es liegt an uns, es einzuüben, sie passend einsetzen zu können. Also führen wir uns vor Augen:

- ✓ Ein OP-Besteck macht noch keinen Chirurgen
- ✓ Es ist noch keine Meister vom Himmel gefallen
- ✓ Ein Kleinkind macht es uns vor: bevor es laufen kann, fällt es tausend Male um, bevor es richtig sprechen kann, übt es oftmals Jahre
- ✓ Jeder Beruf benötigt eine Lehrzeit, eine Studienzeit, ein Praktikum. Auch ein Redner, eine Rednerin muss sich selbst eine Übungsstrecke einräumen.

Die Bedingung für das Erreichen eines Zieles, jedes Zieles ist also:

Der Entschluss – die Strategie – das <u>Loslegen</u>

Gott liebt die Sieger – die Menschen auch!

Die Menschen lieben sie auch, die Sieger! Tatsächlich sind sie ihnen rettungslos verfallen, den Siegern.

Die meisten Menschen würden eigentlich gerne selbst die Sieger sein. Sie kennen oftmals nicht den Weg dahin nicht und glauben, Sieger sein zu können wäre angeboren, oder hätte etwas mit glückhaften Zufällen zu tun oder mit Beziehungen. Es ist traurig, aber wahr, die Verlierer werden eher gemieden, man meidet ihre Nähe, als wäre es ansteckend, erfolglos zu sein. Und gewissermaßen ist es das auch, denn eine persönliche Ausstrahlung ist ja eine kraftvolle Energie, die sich auch überträgt. So lautet auch eine geschäftliche Warnung aus USA-Managerkreisen:

Never sit down with Losers!

Welche Ausstrahlung Sie aber haben, die des Gewinners, oder des Verlierers, bestimmen alleine Sie.

Sieger sind:
- anziehend
- sind spannend
- verkörpern das pralle Leben
- überzeugen
- wirken optimistisch
- sind charismatisch
- sind charmant
- machen den Tag hell,
- vermitteln Zuversicht

So wie Sie sich selber sehen, nimmt auch Ihr Umfeld Sie wahr!
Mal ganz ehrlich, wie finden Sie sich? Überprüfen Sie, was Sie von sich selbst denken. Und das nicht nur auf Reden und Vorträge bezogen.

Negativ	Ich werde sowieso nie in guter Redner/eine gute Rednerin
	Andere machen das besser
	Ich packe das nie
	Ich weiß nicht genug
	Was mache ich bloß wenn mir eine Frage gestellt wird, die ich …
	Was mache ich, wenn ich steckenbleibe, nicht weiter weiß…
	Ich bringe es also zähneknirschend hinter mich
	So schlimm wird es schon nicht werden
	Was bleibt mir übrig, ich mache gute Miene zum bösen Spiel
	Mein Lampenfieber bringt mich um
	Worauf habe ich mich bloß eingelassen
	Sicherlich werde ich versagen
Positiv	Ich freue mich auf eine neue Erfahrung
	Ich bin neugierig auf mein Publikum
	Ich betrachte die Rede als willkommene Übungsstrecke
	Andere schaffen das auch
	Ich werde mein Bestes geben
	Ich habe den Zuhörern etwas Wichtiges zu sagen
	Ich bin froh, etwas über mein Thema sagen zu können
	Ich freue mich, dass so viele Leute mein Thema kennenlernen wollen

Achten Sie vor allem auf Ihre Ausstrahlung, denn diese wirkt als nonverbale Kommunikation, ohne, dass Sie auch nur ein Wort geäußert haben.

Ihre Stimme ist ein wichtiges Instrument

Scheuen Sie sich nicht, Ihre Stimmlage bewusst einzusetzen, um die Bedeutung Ihrer Worte zu unterstreichen. Sie <u>vokalisieren</u> das Gesagte, <u>artikulieren</u> und geben ihm eine <u>Melodie</u>.

Lernen Sie Ihre Stimmlage kennen, dafür ist es wichtig, Ihre ureigene *Indifferenzlage* auszutarieren. Dazu sprechen Sie in Ihrer eigenen Tonlage Hmmmmm! Lassen Sie die Stimme dabei schwingen und geben ihr einen Ton: Ommmm! Ton ist das Mutterwort von tönen. Lassen Sie Ihre Stimme, je nach Anlass und das was Sie sagen möchten, *TÖNEN*!

Dafür gebe ich Ihnen folgende Beispiele, die Sie ggf. ergänzen können:

Stimme heben	ich mache Sie darauf aufmerksam, dass…
Artikulieren	es ist genauso wie ich sage
Stimme senken	dafür brauchen wir nur bei uns selber nachzusehen
Stimme scharf	es kann doch nicht angehen, dass…
Zischen	Sie meinen doch nicht im Ernst…
Beruhigend	Es wird doch alles nicht so heiß gegessen, wie …
Ermutigend	Ich weiß genau, Sie schaffen das auch!
Motivierend	tun Sie es einfach, es wird Ihnen gelingen!
Begeistern	genau wie Ihnen, ist es auch mir ein Anliegen, dass …
Gewinnen	ich möchte Sie heute für das Projekt gewinnen, weil…
Überzeugen	die klaren Fakten sind es, die überzeugen!
Vertrauen wecken	Meinem eigenen Bruder würde ich ebenfalls dazu raten
Glaubwürdig	für mich selbst habe ich mich längst dafür entschieden!
Kritisieren	so jedenfalls kann es nicht bleiben!
Stärken	Sie haben die Kraft dazu, Sie können das ebenfalls!

Die eigene Stimme, wie sie zu nutzen ist

Der Unterhaltungswert eines Vortrages hängt weitgehend vom Stimmeinsatz ab.

Es ist ganz egal, wie Ihre Stimme von Natur aus beschaffen ist. Sie kann auf folgende Weise moduliert werden:

Positiv	Negativ
Ein Instrument in ihr sehen	schnell
Ihr Substanz geben	hastig
Langsam sprechen	undeutlich
Akzentuiert sprechen	laut
Worten Bedeutung geben	monoton
Worten angenehmen Klang verleihen	schrill
Pausen hinter jeder wichtigen Aussage	ununterbrochen

Die Stimme verändern: Modulieren, Wörter bewusst hervorheben sie in die Dramaturgie einbetten, Stimme gelegentlich heben, dabei die Körperhaltung verändern Wenn nötig, Stimme scharf/metallisch klingen lassen, streng wirken

Die Stimme ist Träger des Vortrages und Ausdruck der Bedeutung von Gesagtem. Es gehört zur Würdigung der Zuhörer, deutlich und verständlich zu sprechen.

Dazu empfiehlt es sich:
Gefühl in das Gesagte hineinzulegen, ggf. Wärme hineinzugeben
Die Worte nachklingen zu lassen, die Stimme dem jeweiligen Thema anzupassen
Bei wichtigen Aussagen, leise, langsam und überdeutlich zu sprechen, ggf. einen Satz wiederholen.

Bedeutungsvolles Sprechen – wie das trainiert wird?

Eine gute Sprachführung lässt DEUTUNG durch die Zuhörer zu (deuten = deutlich)

Positiv   Worte oder Satz einzeln stellen
Wichtige Sätze langsam wiederholen
Betonen durch Anheben der Stimme
Besonders langsam sprechen, wenn es wichtig ist
Worte nachklingen lassen, Sprechpause einlegen
Immer wieder zur Indifferenzlage der Stimme zurückkommen
Blickkontakt mit dem Publikum halten
Augen eindringlich und liebevoll schweifen lassen

Negativ   Wenn man nur etwas erwähnt (bedeutet „unwichtig")
Im Wortbrei verschwinden lassen (bedeutungslos)
Zu schnell – Publikum hat keine Zeit dem Gesagten zu folgen
Nicht aufblicken – keine Wertschätzung des Publikums
Keine Gesten, keine Mimik, kein Heben der Stimme: langweilig

Ansprechende Haltung einnehmen

Wechsel von frontaler zu diagonaler Haltung zum Publikum
Nicken, wenn ein Textteil meine besondere Zustimmung hat
Vorbeugen, wenn etwas besonders bedeutungsvoll ist
Kopfschütteln, wenn ich missbilligend zum Gesagten stehe
Bekräftigen, dafür auch mal mit donnernder Stimmlage
Geheimnisvolle Stimme, um Zuhörer neugierig zu machen
Fragen stellen: „wie fänden Sie es denn, wenn…"
Formulierungen liebevoll wählen: lautmalerisch

Die geschickte Wahl der Worte/Formulierungen

Es lohnt sich, über schöne, einprägsame Worte und bildhafte Formulierungen nachzudenken, das erst macht die Qualität eines Vortrages aus.

Positiv	Kurze Sätze sprechen, die sind verständlicher und eindrucksvoll
	bildhafte und kurze Erläuterungen einflechten
	Mut zu romantischen Formulierungen haben
	Drastische Formulierungen wählen, wenn sie gut verdeutlichen
	Mit Gesten untermalen, das ist auch optisch einprägsam
	Mit Mimik Gesagtes bestätigen, das wirkt zudem überzeugend
	Mögl. deutsche Wörter wählen, nicht „gewollt gebildet" auftreten
	Zitate einfließen lassen (passend zurechtlegen)
	Anekdoten aus eigenem Erleben (passend zurechtlegen)
	Wichtiges eindringlich betonen
	Genug Pausen lassen, um Gesagtes wirken zu lassen
Negativ	Schachtelsätze
	Viele Fremdwörter
	Belehrende Art zu sprechen
	Komplizierte Formulierungen
	Komplizierte Erläuterungen
	Lieblose Sprachwahl

Den Faden während eines Vortrages zu verlieren, ist kein Unglück. Stehen Sie zu einer Schwäche mit einer kleinen Entschuldigung und gehen mit einem Scherz zum nächsten Punkt über.

Wenn man sehr nervös ist, kann man das dem Publikum auch gestehen. Das weckt den Beschützerinstinkt der Zuhörer und man ist ihrer Nachsicht sicher.

Drastische Redewendungen

Haben Sie keine Furcht vor drastischen und deftigen Redewendungen. Sie können den Vortrag farbig und lebendig machen.

Beispiele:
- ✓ Ich bin zutiefst empört
- ✓ Ich halte das für eine miserable Idee
- ✓ Rentenalter? Für mich gehört der Mensch auf die Piste, so lange er lebt
- ✓ Man muss laufend seine Messer wetzen, damit sie scharf bleiben
- ✓ Die Meinung dieser Leue tangiert mich peripher
- ✓ Für ein solches Projekt brenne ich lichterloh
- ✓ Alles, was ich tue, mache ich mit ganzem Herzen, ich tränke es geradezu mit meinem Herzblut
- ✓ Aber ja, das lacht mich förmlich an
- ✓ Wenn ich mir die Ergebnisse anschaue – ich gestehe es Ihnen, meine Laune rutscht in den Keller
- ✓ Da könnte ich eine Fliegenklatsche nehmen und einfach nur draufhauen
- ✓ Ihre Leistungen in den letzten Wochen waren nicht nur bemerkenswert, sie waren absolut s e n s a i o n e l l
- ✓ Da kann man nur verkünden: Deutschland, wir kommen!
- ✓ Zu meiner Belegschaft habe ich gesagt: auf mein Rentendasein freut euch mal nicht zu früh, rechnet in den nächsten 25 Jahren lieber noch mit mir. Und da bin ich dann erst 92
- ✓ Die Ernährungsfuzzis des Landes haben doch tatsächlich befunden, dass…

Nennen Sie die Dinge beim Namen. Das ist eindrücklicher, als um eine Sache drumherum zu reden. Auf diese Weise ist zu erkennen, dass es wirklich auch um Ihre ureigene Sache geht und nicht um ein unpersönliches Thema.

Wir alle benutzen gelegentlich Floskeln. Bei einer Rede, die überzeugen soll, sollte möglichst darauf verzichtet werden.

Beispiele, die Sie bitte ergänzen – und dann darauf verzichten…!
- Machen wir uns nichts vor
- Daran lässt sich nicht rütteln
- Da kann man sagen, was man will
- Ich möchte in aller Deutlichkeit sagen
- Da muss mal deutlich gesagt werden
- Ich sage es noch einmal ganz deutlich
- Da muss ich ganz ehrlich sagen
- Da stimmen Sie mir sicher zu
- Im Prinzip sehe ich das ganz genauso
- Da wäscht uns kein Regen von ab
- Da können Sie denken, was Sie wollen
- Da beißt die Maus keinen Faden ab
- Im Prinzip
- Auf jeden Fall
- In keiner Weise
- Das ist praktisch so…
- Eigentlich…
- Das können Sie mir ruhig glauben
- Das weiß doch jeder

Solche Formulierungen sind Füllwörter, die eigene Zweifel verdecken sollen.

Eine Rede soll auf jeden Fall kurzweilig sein – also auch so kurz, wie es irgend geht. Reden sind oft zu lang, selten zu kurz. Überprüfen Sie also, wo gekürzt/gestrichen werden kann.

Um einen Vortrag lebendig und kurzweilig zu gestalten, eignen sich folgende Maßnahmen:
- ✓ Passende Anekdoten zurechtlegen (sammeln für solche Gelegenheiten)
- ✓ Eigene Erlebnisse einfließen lassen (notieren bei jeder Gelegenheit)
- ✓ Eigene Erkenntnisse einarbeiten
- ✓ Launige Bemerkungen über eigene Schwächen oder Versäumnisse
- ✓ Zeichnungen am Flipchart einfach und ggf. farbig gestalten
- ✓ Bemerkungen, die zeigen, dass man das Thema nicht (nur) bierernst sehen muss
- ✓ Bildliche Darstellung als Grafik mit Aussagewerte, für optischen Eindruck
- ✓ Wenige Vergleichszahlen nennen oder darstellen
- ✓ Abwechslungsreiche Gestaltung des Vortrages (ggf. gliedern)
- ✓ Abwechslungsreiche Mimik, Gestik, Formulierungen
- ✓ Spannende Dekorationen als Aufmerksamkeitsfaktor und Erinnerungsfakor
- ✓ AHA-Erlebnisse erzeugen
- ✓ Mitarbeit des Publikums einfordern (wenn es passt)
- ✓ Energie aufladen zwischendurch mit
  - o Kleinen Rollenspielen
  - o Atemübungen
  - o Körperübungen
- ✓ Applaus forcieren (regt Stoffwechsel an, weckt Aufmerksamkeit)

Erläutern, wie nützlich Applaus ist (Eigenmotivation), zwischendurch einüben!

Redephasen – bedeutungsvolle Pausen

Unterschiedliche Vortragsformen brauchen unterschiedliche Vorbereitungen. Jeder Vortrag endet immer mit der Schlussfolgerung, einer Motivation und der Aufforderung zum Handeln und welche Schritte nun zu gehen sind.

Der Vorbereitung bedürfen folgende Vorhaben:
- ✓ Der Vortrag selbst
- ✓ Eine geplante Diskussion
- ✓ Interaktionen/Rollenspiele Fragen an des Publikum
- ✓ Vorbereitete Arbeitsbögen
- ✓ Einteilen von Arbeitsgruppen mit Sprechern
- ✓ Supervisionen

Dazu gibt es folgende Empfehlungen:

Positiv   Jeder Einzelvortrag möglichst kürzer als 1 ½ Stunde, besser noch 1 Stunde
Kleine Energie-Übung mit Atemübung danach
Kleine Wasserpausen zwischendurch (ggf. ansagen)
Größere Pause mit Obst und ggf. kleinem Imbiss
Bei Ganztags-Seminar: Spazieren gehen und regelmäßiges Lüften
Möglichst wechselnde Redner oder wechselnde Art der Reden

Negativ   Redephasen endlos
Viele Zahlen, ausführlich vorbereitete Folien
Lange Demonstrationen am Overheadprojektor
Rücken zum Publikum (auf Tafel zeigen und schreiben)
Monotone Ausführungen

Achtung – Körpersprache – unbeabsichtigte Signale!

Mit dem __ersten Blick__ auf dem Referenten/der Referentin erhalten Zuhörer den __ersten Eindruck__ von dem, was sie von dem Vortrag erwarten können.

Der Gang	sollte aufrecht sein, der Kopf erhoben und die Schritte elastisch. Die Füße werden voreinander, nicht nebeneinander gesetzt. Man lässt sich vom Schritt ***voran***-tragen.
	Damit wird signalisiert: „ich gehe leichten Schrittes meinen Weg direkt („schnurstracks") auf das Ziel zu und stelle mich allen Aufgaben, die ich mühelos erledigen kann.
Körperhaltung	Ich stehe frontal zu dem Publikum, wechsle gelegentlich während der Rede in eine diagonale Haltung. Die Handflächen sind lässig geöffnet.
	Während der Rede öffne ich, wenn es passt, die Handflächen zum Publikum und signalisiere: „ich bin unbewaffnet, von mir droht keine Gefahr!"
	Während der Rede breite ich gelegentlich beide Arme aus, wie wenn ich das Publikum umarmen wollte: Akt der Zuwendung und Sympathie-Bekundung, offen, weitläufig.
	Dem Publikum in die Augen sehen: „ich bin interessiert an Euch, ich stelle mich allen Fragen und Problemen"
So lieber nicht	Schultern hochgezogen, Körper zusammengezogen
	Arme eng am Körper, Arme verschränkt, Hände zu Fäusten geballt, Kopf geneigt.
	Zur Wand, Tafel, zum Flipshart und über Publikum hinweg sprechen:
	Abwehrhaltungen sind Zeichen von Desinteresse.

Gesten - und was sie vermitteln

Auslegung: nicht überbewerten, jedoch so empfindet das Publikum unbewusst!

Mit den Fingern ins Publikum pieken:
>	Wirkt belehrend „Ihr werdet schon sehen, was Euch blüht!"

Spielen mit Gegenständen oder nesteln, an Nase oder Ohrläppchen spielen
>	Verlegenheit, Angst, Unsicherheit

Brillenrücken
>	Nervös, will überbrücken, ist unsicher

Kopf kratzen
>	Will Gedanken ordnen, ist im Moment etwas ratlos

Zunge fährt über die Lippen
>	Steht nicht hinter dem Gesagten, weiß nicht weiter

Haare drehen
>	Will Situation kontrollieren, lenkt von Gesagtem ab

Gebeugte Schultern hochziehen
>	Ich stehe nicht zu dem Gesagten, bin selber unsicher, evtl. unkundig

Über den Brillenrand sehen,
>	Belustigt, demonstriert Überlegenheit (ggf. aber Sehschwäche)

Mit Fuß wippen oder auf Fußkanten stehen
>	Soll Spannungen abbauen, Redner will lieber woanders sein

Arme vor dem Körper verschränken
>	Soll Distanz demonstrieren, Abwehrhaltung

Handfläche auf Brustbein legen
>	Will Vertrauen schaffen: „Du kannst mir vertrauen!"

Ausladende Bewegungen, seitlich, nach vorne, nach oben
>	Drücken Macht und Großzügigkeit aus

Kontakt zum Publikum bewusst herstellen

Hier entscheidet eine gute mentale Vorbereitung, wie meine Rede beim Publikum aufgenommen wird.

Vorbereitung	Eigene Einstellung zum Publikum ehrlich überprüfen
	Mir meine gute Absicht noch einmal bewusst machen
	Sich selbst bewusst aufladen mit positiver Energie
Vor Publikum	Mir selbst visualisieren, wie ich Liebe verströme
	Visualisieren, wie ich das Publikum mit Freude umfange
	Dem Publikum mein Interesse an ihm mental signalisieren
	Im Geiste mich mit einem Kreis umgeben, das Publikum auch. Die Kreise in der Mitte verbinden
	In stolzer Haltung, selbstsicher vor dem Publikum stehen
	Herzlich, leicht lächelnd in die Runde blicken
	Meine Augen über ALLE Zuschauer schweifen lassen
	Dabei meine Augen immer wieder freundlich aufblitzen lassen, Augenkontakte suchen
Wie wirke ich?	Dem Publikum die Gelegenheit geben, mich ausgiebig von vorne und von den Seiten zu betrachten, mich zu mustern
Meine **Affirmationen**	***Ich gebe mein Bestes***
	Ich stehe hier, um Sie zu informieren
	Ich stehe hier, um Sie zu bereichern
	Ich bin nützlich für Sie
	Ich interessiere mich für sie
	Ich freue mich, hier zu sein.
	Ich will Euch

Meine Glaubwürdigkeit/schlüssige Argumente

Auf Ihr Auftreten und Ihre Formulierungen kommt es an, damit das Publikum Sie als glaubwürdig empfindet.

Negativ-Formulierungen	Das können Sie mir ruhig glauben
	Sogar Herr X. ist der Meinung….
	Da können Sie fragen, wen Sie wollen
	Ob Sie es glauben oder nicht
	Die Meinung der meisten Leute darüber ist
	Die Konkurrenz XYZ kann solche Qualität nicht bieten

Solche und ähnliche Aussprüche zeugen von schlechter Vorbereitung, Inkompetenz, eigner Unsicherheit,. Mangelnder Fairness, wenn man kein Selbstanwender ist und von der eigenen Sache nicht ausreichend überzeugt ist.

Positive Formulierungen	Mein eigner Bruder wendet das seit 3 Monaten an, er hat folgende Ergebnisse erzielt …
	Ich war selbst skeptisch, nun kann ich es nicht mehr wegdenken aus meinem Alltag.
	Ich selbst probiere etwas zig-Male, bevor ich es weitergebe
Auf Einwände	*Ja, wenn ich wüsste, dass es funktioniert…*
	Es funktioniert! (eine selbstsichere Antwort ist oft überzeugender als lange Beweisführung
	Ich überlege mir das noch einmal…
	Das verstehe ich sehr gut, aber wenn Sie sich gleich zur Teilnahme entschließen, können Sie am Mittwoch schon dabei sein

Unterschied zwischen Argumenten und Parolen

Der Verzicht auf Parolen, Schlagwörtern und gehaltlosen Formulierungen ist selbstverständlich für einen seriösen Geschäftspartner/Redner

Parolen sind Versprechungen, ohne dem Publikum die Möglichkeit der Durchführung zu erläutern. Beispiele:

Nieder mit dem Kapitalismus!
Wir sind für soziale Gerechtigkeit!
Schluss mit arm und reich!
Wir sind für Umverteilung des Kapitals!
Sie sind erfolgreich – tschaka-tschaka!
Sie können alles schaffen, was Sie wollen!
Geld verdienen ist ganz leicht!

Argumente hingegen sind mit einer klaren Zielsetzung verbunden. Dazu gehören:

1. Ein Veränderungskonzept
2. Ein Durchführungskonzept

Bilanz	Ermitteln der derzeitigen Lage und Voraussetzung für die Zukunftsplanung, wer könnte helfen
Strategie	Erfolgsentwurf mit Mehrfach-Wegen, Kostenplan, Terminplan Recherche über Möglichkeiten für die Zielverwirklichung
Aktionen	Umsetzungen mit Zeitmanagement, Finanzmanagement

Überlassen Sie die Sitzordnung nicht dem Zufall, sie bestimmt die „Stimmung".

Wie es nicht sein sollte
- Der Raum soll nicht viel zu groß für die Gruppe sein. Wenn das jedoch unumgänglich ist, optisch verkleinern, durch Arrangement der Stühle z.B.
- Publikum sitzt zu weit weg vom Redner, Kontakt kommt nicht zustande.
- Publikum sitzt zu nahe am Redner: Publikum fühlt sich „bedrängt".
- Die erste Reihe bleibt weitgehend unbesetzt, das schafft Distanz zum Redner, Publikum ist erst mal skeptisch „was da auf sie zukommt".
- Publikum sitzt weit verstreut, das schafft Energieverlust.
- Ein Halbkreis ist oft zu weitläufig, dadurch sind Gäste außerhalb des Blickfeldes.
- Rede im Freien: dadurch entsteht Energieverlust, Stimmklang-Verlust

Zuhörer neigen dazu, sich verstreut in die hinteren Reihen zu setzten, nicht auf dem Präsentierteller sein, sich nicht vorzudrängeln, fühlen sich beobachtet.

Wie es empfehlenswert ist
- Pult und Hilfsmittel sollen von jedem Platz aus gut zu sehen sein.
- Gäste sollen alle im Blickfeld des/der Referenten, der Referentin sitzen.
- Stühle als geschlossene Gruppe dekorieren, bündelt die Gruppendynamik.
- Licht sollte ausreichend hell, jedoch nicht grell sein.
- Die Raumtemperatur soll nicht zu warm und nicht zu kalt sein.
- Raum regelmäßig gut durchlüften.
- Zuhörer in einen Drittelkreis setzten, für Gefühl von Zusammengehörigkeit

Vorbereitung des Veranstaltungsraumes

Der Raum muss mir und meiner Absicht entsprechen, die ich mit meiner Rede verbinde. Es kann Folgendes vermittelt werden:

- Ich lade Dich ein in meine Höhle, meinen Kreis, meine Sphäre.
- Auf den ersten Blick sollt Du meine Absicht erkennen.
- Du sollst Dich wohlfühlen, geborgen, aufgehoben, willkommen.
- Die Umgebung soll Dir Vertrauen vermitteln.
- Die Umgebung soll Ängste und Vorbehalte nehmen.
- Die Umgebung soll meine Persönlichkeit ausdrücken/ergänzen.

Das kommt gut an

Üppig Blumen neben mir	vermitteln Großzügigkeit
Blumen im Raum	ehren die Gäste, werten sie auf
Zuhörer sollen möglichst aus dem Fenster sehen können - entspannend	
Glas und Flasche mit Wasser neben mir	ich versorge auch mich mit Energie
Wasser, Obst, Snacks auf Pausentisch	ich sorge für Dein Wohl

Eher bedenklich

Kerzen und schummerige Beleuchtung	wirken verspielt, esoterisch
Kahler, großer Raum	Verlorenheitsgefühl
Grelle Beleuchtung	Gefühl, ausgeliefert zu sein
Schlechte Akustik	Stimmeinsatz „kommt nicht rüber"
Mikrofon hallt/rauscht	lenkt ab vom Gesagten
Lärm von außen	Gäste können sich nicht konzentrieren
Unbequeme Stühle	unbehaglich
Durchgangsraum	Überzeugungs-Energie wird gestört

Mein Äußeres, die Kleidung, die Frisur

Optik muss nicht überbewertet werden, kann jedoch wirkungsvoll als Übermittlungsfaktor genutzt werden.

Das Erscheinungsbild des Redners, der Rednerin, hat Signalwirkung und spielt eine Rolle für die eigene Wertschätzung und Wahrnehmung durch das Publikum. Dieses identifiziert Erscheinungsbild mit dem vorgetragenen Thema. **Redner wirkt:**

Salopp	nimmt Thema nicht so ernst
Sehr streng	Kleinkrämer, bierernst
Grau/dunkel	freudlos, pessimistisch
Schwarz	will auf Konventionen bestehen, Schein wahren
Verspielt	nicht ausreichend sachlich
Reichlich Schmuck	lenkt von der Sache ab, will SICH aufwerten
Sehr bunt	wirkt nicht sachlich
Schneeweiß	will darstellen, dass keine Fehler gemacht werden
Haarknoten	demonstriert kühle Sachlichkeit
Haare im Gesicht	Mimik soll durch Frisur verdeckt werden, verbergen
Viele Löckchen	wirkt verspielst, Publikum bezweifelt Kompetenz
Überkorrekt/wie geleckt	unnachgiebig, überdiszipliniert, rechthaberisch
Durchsichtige Bluse	befindet sich auf Eroberungstrip
Super hohe Absätze	will mit Körpereinsatz überzeugen, wirkt kippelig
Starke Schminke	hat was zu verstecken
Nackte Taille	verheißt „versteckte Argumente"
Gepiercter Schmuck	ich meine nicht wirklich ernst, was ich sage

Empfehlung: Sachlichkeit, mit Farben die Persönlichkeit hervorheben, ggf. zum Thema passend wählen. Farb- und Stilberatung kann hilfreich sein.

Lampenfieber

Es gibt nur wenige Redner, die Lampenfieber nicht kennen. Es kann nicht weggetrickst werden.
Vielmehr sollten Sie Lampenfieber als Energieträger willkommen heißen.

Der Nutzen von Lampenfieber
- ✓ Lampenfieber ist eine nützliche Stimulanz
- ✓ Lampenfieber füllt den ganzen Körper blitzschnell mit Adrenalin
- ✓ Lampenfieber macht hellwach und achtsam
- ✓ Lampenfieber steigert die Konzentrationsfähigkeit
- ✓ Lampenfieber hat eine wichtige Kontrollfunktion
- ✓ Lampenfieber steigert die Ausstrahlung, lässt die Augen blitzen

Lampenfieber ist meistens wie weggeblasen, wenn man die ersten Worte zum Publikum gesprochen hat.

Führen Sie sich vor Augen, dass es dem Publikum nicht besser geht, als Ihnen:
Das Publikum ist auch unsicher
Das Publikum ist erst mal abwartend
Das Publikum weiß noch nicht ob seine Anwesenheit sich lohnt
Das Publikum weiß noch nicht, ob der Geldeinsatz/Zeiteinsatz sich lohnt
Das Publikum kennt Sie ja auch noch nicht
Sie fühlen sich viel wohler, wenn Sie sich vor der Rede mit Hilfe einer innigen *Meditation* anfüllen und mit liebevoller, mit reicher, mit selbstbewusster Energie. Dafür empfehle ich die Arbeit mit *Meridianklopfen*, mit *Thymusklopfen*, oder mit **BSFF** (**B**e **S**et **F**ree **Fast**). Diese Selbsthilfemethoden lassen sich leicht erlernen und finden sich in weiteren meiner Ratgeberbücher und hier kurz auf **Seite 72+73.**

Mit Verlaub, das liegt meist an Ihnen - lässt sich aber mit einigen Tricks sehr schnell in den Griff bekommen.

Wichtig ist, gleich am Anfang eine energetische Verbindung zum Publikum zu schaffen. Damit wird auch die liebevolle Autorität des Redners hergestellt.

Ihre positive Reaktion	Stimme senken und sehr deutlich sprechen
	Sehr akzentuiert und noch leiser sprechen
	Den Störenfried ansehen und ganz leise werden
	Störenfried sehr freundlich ansehen und völlig aufhören zu sprechen (Publikum wendet sich ihm dann missbilligend zu)
	Fragen von Ihnen: „kann ich Ihnen behilflich sein?"
	„War meine Erläuterung soeben doch etwas unverständlich?"
	Zeigefinger nach oben heben: „hallo, hier bin ich!"
	Die flache Hand. Mit dem Handteller nach vorne, nach oben heben: „ich bitte um Aufmerksamkeit!"
Ihre negative Reaktion	Unmut ausdrücken
	Unruhe mit eigener, lauter Stimme übertönen
	Störenfriede zurechtweisen
	wild gestikulieren
	Vorwürfe machen
	zischen: „Psst..", „Pscht…"
	auf „Geschwätzigkeit von Frauen" hinweisen
	Zeigen, wie sauer Sie sind

Rede mit Diskussionsteil

Eine Rede mit integriertem Diskussionsteil muss sehr gut vorbereitet werden und empfiehlt sich nicht für Rede-Anfänger.

Fragen, Einwände, und mögliche Antworten sollten vorausschauend festgelegt, respektive **an**-formuliert werden.

Bei jeder Frage	<u>immer</u> erst loben
	dann bedanken
	Bedeutung der Frage anerkennend erörtern

Selbst wenn die Frage völlig am Thema verbeigeht, nicht verwerfen, sondern den möglichen Nutzen der Frage erwähnen und sie ggf. in die nötige Richtung lenken.

Absolut niemals	entmutigen: „nein, so ist das nicht richtig"
	Frage kritisieren: „ich weiß nicht, wie Sie darauf kommen"
	Frager bloßstellen: „das ist bezeichnend für Sie"

Grundsätzlich erst einmal Fragen und auch Antworten gutheißen, dann behutsam ergänzen, eine gute Antwort hinzufügen: „und dazu kann man dann noch...."

Wenn man Fragen im Moment nicht beantworten kann:
- Loben für das Interesse an dem Thema
- Freimütig gestehen, dass man die Frage nicht beantworten kann
- Anbieten, dass man sich bis zum nächsten Treffen kundig macht oder versprechen, die Antwort per Fax, eMail oder Telefon zu übermitteln
- Freundlich sagen, dass diese Frage in ein weiterführendes Seminar gehört
- Zugeben, dass diese Frage den Rahmen des Seminars sprengen würde

Fragen aus dem Publikum – noch ein paar Tipps

Es ist sinnvoll, sich auf mögliche Fragen, die aus dem Publikum gestellt werden könnten, mit Formulierungen vorzubereiten. Vorschläge dafür:

Auf alle Fragen immer erst: *„ich danke Ihnen für Ihre Frage!"*

Wenn ich die Frage nicht beantworten kann:
1. Die Frage hat sich in meiner Praxis noch nicht gestellt, ich werde mich kundig machen. Gerne können Sie mich diesbezüglich kontaktieren.
2. Die Antwort überschreitet leider meinen Kenntnisstand, mein Wissen (wirkt sympathisch, menschlich), ich muss auf mein erfahrungswissen verweisen.

Wenn ich die Frage in dem vorgesehenen Diskussionsteil beantworten will, oder beantworten lasse:
1. Darf ich Sie für den Moment mit der Antwort vertrösten, bis der Diskussionsteil beginnt, dann komme ich gerne darauf zurück
2. Wenn ich das Grundthema gleich beendet habe, dann sprechen wir darüber
3. Bitte merken Sie sich Ihr Anliegen bis nachher, wir werden die Frage am Schluss gemeinsam erörtern

Wenn die Antwort den Vortragsrahmen sprengen würde:
Ich bitte um Verständnis dafür, dass ich bei diesem Vortrag/Seminar nicht auf diese interessante Frage eingehe. Diese ist doch mehr für Fortgeschrittene geeignet. Und das würde uns im Moment zu weit über das Thema hinausführen.

Immer am Schluss: *„können wir das so handhaben?"* *"Sind Sie damit einverstanden?"*
Wichtig ist, dass man NIE genervt, sondern immer verständnisbereit reagiert.

Gelesene Reden

Wenn man einen Vortrag __komplett vorliest__, muss das nicht zwangsläufig langweilig sein.
Eine gelesene Rede kann bezaubernd und lebendig sein, wenn die Persönlichkeit des/der Vortragenden die Szene bestimmt.

Positiv	Sich mit dem Text gut vertraut machen (zur eigenen Sicherheit)
	Sich mit dem Text energetisch verbinden (… es ist Stück von mir)
	Sich den Text zu eigen machen (Glaubwürdigkeit)
	Charme ins Spiel bringen (Charme ist überzeugendes Argument)
	Verständlich formulieren (sichert müheloses Zuhören)
	Sätze und Absätze freistellen (Sinn herausarbeiten)
	Pausen zum Nachdenken einräumen (Publikum kann mitdenken)
	Ggf. eigene Kommentare einflechten (Verbundenheit mit Thema)
	Ggf. mit gelegentlichen Anekdoten würzen (Vortrag lustiger)
	Ggf. passende Sprichwörter einbauen (Vortrag gewürzt)
	Öfter aufblicken (Verbindung mit Publikum sichern)
	Kontakt mit Publikum pflegen (Zusammengehörigkeit)
	Bestimmten Aussagen Bedeutung geben (Interesse wecken)
	Gelegentlich wichtigen Satz langsam wiederholen (Spannung)
Negativ	Einfach herunterlesen (langweilig)
	Den Blick kaum heben (Interessenlosigkeit)
	Monotone Stimme (eintönig, einschläfernd)
	Langweilige Optik der/des Redners/der Rednerin (belanglos)

Ein Redner, eine Rednerin muss sich für das Publikum interessant machen!
Dafür muss auch er/sie, sein/ihr echtes Interesse am Publikum zeigen.

Beispielverläufe für Reden und Gespräche

Es lohnt sich, dem Verlauf j e d e r Rede eine gleichbleibende <u>MATRIX</u> zugrunde zu legen. Das gilt für <u>alle Arten</u> von Mitteilung oder Gesprächen, wenn ein Ziel, ein Ergebnis angestrebt wird. Hier sind einige BEISPIELE, mehr sollen sie nicht sein! Sie selbst bestimmen, wie die Dramaturgie einer Rede formuliert wird, damit sie Ihnen entspricht.

Gelegenheiten, für die das <u>Dramaturgie-Geländer</u> nutzbar zu machen ist:
- ✓ Ein Beratungsgespräch
- ✓ Ein Coaching-Projekt
- ✓ Eine Vernissage
- ✓ Das Vorstellen eines Produktes
- ✓ Das Anbieten einer Dienstleistung
- ✓ Ein privates Grundsatzgespräch
- ✓ Eine Lesung als Buchpromotion
- ✓ Die Werbung für ein Seminar
- ✓ Das Bekanntmachen eines Hilfs-Projektes
- ✓ Eine Wahlveranstaltung
- ✓ Das Sammeln von Spendengeldern
- ✓ Das Werben von Mitgliedern für eine Organisation
- ✓ Das Leiten einer Diskussionsrunde
- ✓ Wenn Neuerungen eingeführt werden sollen
- ✓ Verhandlungen

Nur, wer vor seiner Rede <u>sein Vortragsziel gleich ehrlich benennt</u> , wird als wahrhaftig wahrgenommen , man folgt dann den Ausführungen mit Spannung und mit Interesse.

Die festgelegte Dramaturgie für eine Rede bietet ein sicheres Geländer, ohne dass man den Faden verliert. Besonders wichtig ist, dass man auf diese Weise das Heft in der Hand behält, selbst den Verlauf des Vortrages bestimmt und sich nicht verunsichern lassen muss.

Anregungen für den Verlauf der unterschiedlichen Rede-Ziele

Dafür wird immer die Dramaturgie einer Rede zugrunde gelegt, die als sicheres Geländer zum Ziel führt. Beispiele hier nur in <u>Stichwörtern,</u> die Sie, je nach beabsichtigtem Ziel, selbstverständlich mit eigenen Formulierungen versehen.

Am Beispiel eines <u>Beratungsgespräches</u>

Ich stelle mich vor
>> Mein Beruf, erläutere meine Kompetenz für das anstehende Thema

Ich nenne Absicht meiner Rede
>> Ich will Sie davon überzeugen, dass es erfolgreich für Sie ist, mein Konzept mit mir gemeinsam zu realisieren

Ich schildere die Fakten
>> Dafür erläutere ich den Inhalt meines Angebotes: Ist-Situation und angestrebtes Ziel

Ich motiviere (Appell an die Zuständigkeit der Zuhörer)
>> „Das Ziel können Sie problemlos erreichen". Oder „das kann ich gerne für Sie tun", oder „auf diese Weise kann Ihr Problem sich erübrigen" oder „gemeinsam können wir das angehen"

Ich fordere zum Handeln auf und erkläre gleich WIE
>> <u>„Wollen wir das so machen?"</u> Termin anbieten, Liste unterbreiten und zeigen, wo man sich eintragen kann. Feste Verabredung treffen, Telefonnummer aufschreiben, und Anruf avisieren. (möglichst nicht das Heft des Handelns aus der Hand geben)

Am Beispiel eines <u>Coaching-Projektes</u>

Ich stelle mich vor

Name, Beruf, meine Erfahrungen auf dem Gebiet

Ich nenne die Absicht meiner Rede

Ich erkläre, was ich für meine Zielgruppe/Gesprächspartner, Zuhörer tun kann und dass ich genau das anbieten will

Ich schildere die Fakten

Dazu erläutere ich die von mir geplante Vorgehensweise und die möglichen Ziele

Ich motiviere (Appell an die Zuständigkeit der Zuhörer)

Ich visualisiere das angestrebte Ziel meines Coachings für die Zuhörer in wenigen Worten: „für Sie könnte das so aussehe….!

Ich fordere zum Handeln auf und erkläre WIE

Wenn ich Sie von meinem Konzept überzeugen konnte, stehe ich gerne zur Verfügung" Termin anbieten, Liste unterbreiten und zeigen, wo man sich eintragen kann. Oder feste Verabredung treffen, Telefonnummer aufschreiben, und Anruf avisieren.

Am Beispiel einer Vernissage

Ich stelle mich vor

Name, Beruf, mein Bezug zu der gezeigten Kunst, ggf. Kompetenz

Ich nenne die Absicht meiner Rede

Will den Künstler/die Künstlerin unterstützen, möchte mehr Kultur hier etablieren, oder will dabei helfen, die leeren Kassen des Kunstvereins zu füllen, oder möchte Zusammenschluss der Künstler fördern….

Ich schildere die Fakten

Situation (auch die wirtschaftliche) aller Künstler. Ideeller und materieller Wert der Ausstellungsstücke, mögliche Wertentwicklung, Bedeutung für den Kunstmarkt, was Kunst für die Gesellschaft, die Stadt und auch die Erziehung unserer Kinder bedeutet, was wir alle beitragen können.

Ich motiviere (Appell an die Zuständigkeit der Zuhörer)

„Lassen wir uns die Chance nicht entgehen, hier hilfreich zu wirken", Kunst im Alltag für die Seele, für die Bildung, Investition von Wert, auch von ideellem Wert für Jedermann, auch für Sie

Ich fordere zum Handeln auf und erkläre WIE

<u>Beteiligen Sie sich an dieser guten Sache.</u> Wenn Sie eines der Ausstellungsstücke für sich erwerben möchten, können Sie das gleich im Anschluss hier bei mir tun. Oder: der Künstler/die Künstlerin steht Ihnen gleich hier für alle Frage zur Verfügung. Oder: Nehmen Sie eine Einladungskarte für den Besuch des Ateliers des Malers/der Malerin XYZ mit

Am Beispiel des Vorstellens eines <u>Produktes</u>

Ich stelle mich vor

Name, Beruf, mein Bezug zu dem Produkt

Ich nenne die Absicht meiner Rede

Will das genannte Produkt bekannt macht, weil ich davon selbst so überzeugt bin

Ich schildere die Fakten

Beschreibung dieses Produktes, was zeichnet es auch, was hat es anderen Produkten voraus. Ich visualisiere den Wert des Produktes im Gebrauch für die Zuhörer

Ich motiviere (Appell an die Zuständigkeit der Zuhörer)

Ich bin sicher, Sie werden das Produkt XXX nicht mehr missen wollen

Ich fordere zum Handeln auf und erkläre WIE

<u>Ab sofort können Sie sich vom Wert dieses Produktes persönlich überzeugen.</u> Sie können es käuflich erwerben: gleich bei mir, oder im Internet bestellen (verteile Karte mit Code), oder beim Fachhandel, bei XYZ (verteile Flugblätter oder Prospekte), oder, oder, oder…

Am Beispiel für das Anbieten einer <u>Dienstleistung</u>

Ich stelle mich vor
>Wer bin ich, über welche Erfahrungen verfüge ich diesbezüglich

Ich nenne die Absicht meiner Rede
>Ich möchte Sie von meinem Service überzeugen, Sie als Kunden gewinnen

Ich schildere die Fakten
>Was beinhaltet mein Angebot, welchen Mehrwert können Sie davon für sich erwarten, wie es sich für Sie auswirkt.

Ich motiviere (Appell an die Zuständigkeit der Zuhörer)
>Ich stelle in Aussicht, wie die sich mit Hilfe meines Service fühlen werden.

Ich fordere zum Handeln auf und erkläre WIE
>***Ich heiße Sie herzlich zu meiner Aktion willkommen.*** Wenn Sie diese nutzen möchten, können Sie gleich einen Termin zu einem unverbindlichen Beratungsgespräch mit mir vereinbaren (oder sich in der Liste eintragen). Bitte notieren Sie Ihre Telefonnummer in der Liste, ich rufe Sie unverbindlich an und berate Sie kostenlos oder: hiermit lade ich Sie ein.

Am Beispiel eine private <u>Grundsatzgespräches</u>/Partnerauseinandersetzung

Ich stelle mich vor
>Du kennst mich seit … wie du weißt, bin ich bewandert in…

Ich nenne die Absicht meiner Rede
>Es liegt mir daran, die Missverständnisse zwischen uns auszuräumen

Ich schildere die Fakten
>Ich fasse noch einmal zusammen, was im Moment zwischen uns steht (Fakten: u n b e d i n g t vollkommen ohne jegliche Schuldzuweisung*)*

Ich motiviere (Appell an die Zuständigkeit der Zuhörer)

Wir waren immer gut befreundet, ich hoffe so sehr, dass auch Du Dir wieder ein freundschaftliches Miteinander wünschst

Ich fordere zum Handeln auf und erkläre WIE

>***Können wir bitte die Angelegenheit als grundsätzlich bereinigt betrachten?*** Dafür starten wir nun gemeinsam unsere Aktivitäten ….

Am Beispiel einer Lesung als <u>Buchpromotion</u>

Ich stelle mich vor

Name, Beruf und mein Bezug zu dem vorgestellten Buch/Bücher

Ich nenne die Absicht meiner Rede

Ich will das Buch publizieren, mich als Autor vorstellen, oder den betreffenden Autor vorstellen, meinen Bekanntheitsgrad oder den des Autoren erhöhen, dabei helfen, für das Buch/die Bücher Leser zu gewinnen, den Markt zu erschließen, oder mein Buch zu promoten

Ich schildere die Fakten

Warum liegt mir an dem Buch/den Büchern, dem Autor. Ich schildere kurz das Anliegen des Autors (ggf. meins), den Inhalt des Buches

Ich motiviere (Appell an die Zuständigkeit der Zuhörer)

Sie werden das Buch/die Bücher lieben, sich angesprochen fühl

Ich fordere zum Handeln auf und erkläre WIE

Gerne können Sie gleich ein Exemplar des Buches/der Bücher von mir erwerben. Oder: diese vorbereiteten Flyer verteilen Sie bitte an nette Leute, damit sich noch mehr Interessenten für Buch oder Autoren finden

Am Beispiel für Werbung für eine <u>Seminarteilnahme</u>

Ich stelle mich vor

Name, Beruf, mein Bezug zu dem Seminar

Ich nenne die Absicht meiner Rede

      Ich möchte Teilnehmer für das von mir geführte Seminar
      (oder das betreffende Seminar) gewinnen

Ich schildere die Fakten

      Inhalt es Seminars, warum mir an dem Thema so viel liegt

Ich motiviere (Appell an die Zuständigkeit der Zuhörer)

      Auch Sie werden von einer solchen Teilnahme sehr profitieren (bessere
      Gesundheit, mehr verdienen, selbstbewusster sein, besser schlafen können)

Ich fordere zum Handeln auf und erkläre WIE

      <u>Ich würde mich freuen, wenn Sie sich gleich zu einer Seminarteilnahme
      anmelden würden.</u> Gerne aber berate ich Sie auch persönlich und völlig
      unverbindlich, wenn Sie noch einige Fragen haben.
      Auf Liste verweisen. „Bitte notieren Sie dort auch Ihre Telefonnummer,
      Ihre eMail-Adresse, damit Sie jeweils über Aktionen informiert werden.

Am Beispiel für das Bekanntmachen und Unterstützen eines <u>Hilfs-Projektes</u>

Ich stelle mich vor

      Name, Beruf, wie stehe ich zu dem Projekt

Ich nenne die Absicht meiner Rede

      Ich möchte Sie von dem Projekt begeistern und Sie als Unterstützer/
      Als Unterstützerin dafür gewinnen

Ich schildere die Fakten

      Projekt vorstellen, Begründen, wieso Hilfe so wichtig ist und was auch
      wir selbst davon haben

Ich motiviere (Appell an die Zuständigkeit der Zuhörer)

      Eine der schönsten menschlichen Eigenschaften ist das Mitgefühl.
      Teilen Sie mit uns die Verantwortung für eine so gute und wichtige Sache

Ich fordere zum Handeln auf und erkläre WIE

Hier habe ich eine Spendenliste. Bitte tragen Sie sich darin ein. Auch ein kleiner Beitrag ist eine große Hilfe. Oder Überweisungen verteilen, oder Anmeldung für Mitgliedschaft oder geplante Aktionen genau anweisen.

Am Beispiel einer <u>Wahlveranstaltung</u>

Ich stelle mich vor
> Name, Beruf, mein Bezug zu dieser Partei

Ich nenne die Absicht meiner Rede
> Ich möchte Sie davon überzeugen, dass es wichtig ist, diese Partei zu wählen, will Ihnen heute Entscheidungshilfe anbieten

Ich schildere die Fakten
> Parteiprogramm, gegenüber den Programmen der anderen Parteien. Weshalb ich so überzeugt bin von dieser Partei

Ich motiviere (Appell an die Zuständigkeit der Zuhörer)
> Weil wir Verantwortung haben, ist es wichtig, die richtige Wahl zu treffen

Ich fordere zum Handeln auf und erkläre WIE
> Hinweis auf den nächsten Wahltermin, ggf. Flyer verteilen, sich für Fragen zur Verfügung zu stellen, zur nächsten Versammlung einladen, Aufforderung, auch Bekannte und Freunde mitzubringen/zu überzeugen

Am Beispiel für das Sammeln von <u>Spendengeldern</u>

Ich stelle mich vor
> Name, Beruf, wieso ich mich für diese Arbeit zur Verfügung stelle

Ich nenne die Absicht meiner Rede
> Ich möchte Sie dafür gewinnen, dieses Projekt mit einer Geldspende zu unterstützen

Ich schildere die Fakten

Ich erläutere die Dringlichkeit für eine Finanzhilfe. Erkläre genau, wofür sie verwendet wird, erkläre das Projekt

Ich motiviere (Appell an die Zuständigkeit der Zuhörer)

Demonstriere die Zuversicht, dass eine so gute Sache die Unterstützung der Zuhörer findet

Ich fordere zum Handeln auf und erkläre WIE

Und, damit die guten Absichten nicht im Sande verlaufen, habe ich hier eine Spendenliste vorbereitet und bitte Sie, Ihr großes Herz sprechen zu lassen. Bitte tragen Sie die Summe ein, mit der wir rechnen dürfen. Lassen Sie sich jedoch versichern, dass auch ein Beitrag von 10,-- € (oder andere Summe) schon hilfreich ist.

Am Beispiel für das <u>Werben von Mitgliedern</u> für eine Organisation

Ich stelle mich vor

Mein Name und mein Bezug zu der betreffenden Organisation

Ich nenne die Absicht meiner Rede

Ich möchte Mitglieder werben für mein wichtiges Anliegen.

Ich schildere die Fakten

Stelle die Organisation vor und welche Bedeutung sie auch für die Zuhörer haben kann und warum ich unbedingt mehr Mitglieder gewinnen möchte.

Ich motiviere (Appell an die Zuständigkeit der Zuhörer)

Als Mitglied der Orga XYZ könnten Sie aktiv dabei helfen, die angesprochenen Ziele durchzusetzen.

Ich fordere zum Handeln auf und erkläre WIE

Hier habe ich für Sie Antragsformulare vorbereitet. Ich würde mich riesig freuen, wenn Sie das gleich ausfüllen. Oder: gerne können Sie Ihre Mitgliedschaft gleich bei mir anmelden.

Am Beispiel, wenn <u>Neuerungen eingeführt werden sollen</u>

Ich stelle mich vor
>Name, Beruf, mein Bezug zu der Firma, Abteilung, Angelegenheit, um die es geht und was ich damit zu tun habe

Ich nenne die Absicht meiner Rede
>Es stehen einige Veränderungen, auch Neuerungen an, die ich Ihnen heute näher bringen will und Sie bitten, mir zu helfen, diese durchzusetzen.

Ich schildere die Fakten
>Status Quo und wieso es erforderlich ist, hier Neuerungen einzuführen. Erläutern, worum es geht und warum Neuerung unumgänglich sind.

Ich motiviere
>Helfen Sie dabei, das gesteckte Ziel zu erreichen. Ihre Aktivität dafür ist wichtig

Ich fordere zum Handeln auf und erkläre WIE
>Bitte notieren Sie auf meiner Liste gleich, wie Sie selbst die angesagte Neuerung unterstützen können. Oder: übernehmen Sie bitte gleich an Ihrem eigenen Arbeitsplatz die Anregungen.

Am Beispiel, wenn eine <u>Verhandlung geführt</u> werden soll

Ich stelle mich vor
>Mein Name, mein Beruf, meine Kompetenz/Ermächtigung für dieses Gespräch

Ich nenne meine Absicht
>Ich möchte gerne mit Ihnen gemeinsam zu einer Vereinbarung kommen, die für beide Seiten ein günstiges und faires Ergebnis erreicht. Dazu schlage ich vor, dass jeder erst einmal seine eigene Seite, seine Sicht der Dinge erläutert und, ohne dass wir diese zunächst kommentieren

Ich erläutere die Fakten

Ich schildere meine Auffassung von dem Thema und auch, wie sich die Haltung der Gegenseite für mich darstellt. Ich frage nun die Dramaturgiepunkte bei dem Kontrahenten ab, ohne dessen Darstellung jeweils zu unterbrechen. Ich mache Vorschläge, wie das Handlungsziel aussehen kann.

Ich motiviere (Appell an die Zuständigkeit der Zuhörer)

Ich versichere hier noch einmal, dass ich auch die Belange des Gesprächspartners berücksichtigen will und freue mich auf das zu erreichende Ziel.

Ich fordere zum Handeln auf und erkläre WIE

Beide Gesprächspartner kennen nun die Ziele und Voraussetzungen des anderen. Alle Vorschäge beider sollten notiert worden sein und können nun, nacheinander abgearbeitet werden, wobei man jeweils sieht inwieweit man einander entgegenkommen kann.

Alle die genannten Beispiele sind nur Vorschläge, damit Interessenten an einer gelungenen Rede, an einem guten Gespräch sehen, dass der Verlauf immer unter ganz ähnlichen Vorzeichen stattfindet.

Zunächst stellt man sich dar, sagt dem anderen, wer man ist und welche Absicht verfolgt wird. Das wirkt sehr sympathisch.

Zuhörer müssen nicht herumraten, worum es eigentlich gehen soll und können sich auf das Wesentliche, nämlich auf die Darstellung des Sachinhaltes konzentrieren.

Wer die DRAMATURGIE einer Rede in dieser oder in einer abgewandelten Form für sich und seinen Alltag nutzt, wird erleben, dass sich im Laufe der Zeit automatisch auch kleine Redeprojekte von dieser MATRIX unterlegen lassen.

Es ist ungemein hilfreich, sich auf so einen, vielfach erprobten, Redefluss verlassen zu können.

Die hilfreiche MATRIX für jedwede Überzeugungsarbeit: die **5 Punkte**

Jawohl ich weiß, dass ich mich wiederhole. Aber die Matrix ist das wichtigste Handwerkszeug, das ich jedem Redner mit auf den Weg gebe. Es muss verstanden worden sein, w a r u m eine Rede so aufgebaut werden muss und nicht einem Zufallstext folgen kann, wenn sie erfolgreich geführt werden soll So habe ich jeden Punkt noch einmal erläutert, bevor Sie ihn für Ihre persönliche Rede mit Leben erfüllen:

1. *Ich stelle mich vor*
   Es versteht sich, dass ich mich dem Publikum bekannt mache und erkläre, was ich mit dem Thema zu tun habe, das ich avisiert habe.

2. *Ich nenne die Absicht meiner Rede*
   Wenn Sie das Publikum im Ungewissen lasse über das Ziel meiner Rede, macht sich Misstrauen breit und man mutmaßt „da ist doch ein Haken dabei"

3. *Ich schildere die Fakten*
   Selbstverständlich bin ich bestens vorbereitet und stelle mich als Kompetenz für mein Thema dar. Diese Hauptteil meines Rede-Projektes sollte kurzweilig sein, unterbrochen mit Beispielen und Anekdoten. (Bloß nicht zu lang die Rede)

4. *Ich motiviere (Appell an die Zuständigkeit der Zuhörer)*
   Hier geht es darum, zu übermitteln: „das können Sie auch, das steht auch Ihnen zur Verfügung, es ist ganz leicht, das zu verwirklichen, Sie gehören dazu, ab sofort können Sie das nutzen…" (hier genügen 1-2 Sätze)

5. *Ich fordere zum Handeln auf und erkläre WIE*
   Hier befinden wir uns bei dem wichtigsten Part der Rede. Das Publikum muss nun an die Hand genommen werden. Gemeinsam soll in die Tat umgesetzt werden, was zu tun ist. Geschieht das nicht, stiebt das Publikum auseinander, freut sich über die spannenden Informationen und Sie haben umsonst gearbeitet. ***Das ist nicht Ignoranz, sondern Sie haben den Zuhörern nicht gesagt, was jetzt zu tun ist*** (manchmal kann das auch „unterlassene Hilfeleistung sein).

Thymusklopfen – zur Steigerung des Selbstbewusstseins

Hiermit stelle ich eine einfache Handhabung aus der Methode des Meridianklopfens vor. Diese lässt sich auch dann leicht anwenden, wenn man mit dieser Behandlungsweise (noch) nicht vertraut ist.

Dafür wird mit der leichten Faust oder den gebündelten Fingerspitzen auf das Brustbein, oberes Drittel, in gleichbleibendem Rhythmus geklopft und dabei eine Affirmation gesprochen (auch gemurmelt, oder gedacht), die den aktuellen Erfordernissen entspricht. Solche Einwirkung wird mehrfach wiederholt und sollte öfter am Tage ausgeführt werden. Die klassische Formulierung für das Meridianklopfen lautet:

Ich liebe und glaube, vertraue, bin dankbar und mutig!

Nun sind das Worte, die sich grundsätzlich dafür eignen das eigene Selbstbewusstsein zu stärken. Vor einem beabsichtigten Vortrag jedoch, darf es ruhig spezifizierter sein, z.B.:

- o Ich freue mich auf die Rede, die ich gleich halten werde
- o Ich folge der Matrix und erfülle meinen Vortrag mit Begeisterung und Überzeugung
- o Das Publikum hört meiner Rede mit interessierter Spannung zu
- o Mein Vortrag wird die beabsichtigten Ergebnisse noch übertreffen

*Ich selbst war mal zu einem Vortrag über **Heilströmen** und **Meridianklopfen** geladen vom Netzwerk Energetische Medizin ins Kongresszentrum Heidelberg. Ich sagte natürlich zu. Bis ich die Liste der 18 Mitreferenten sah: außer mir keine Frau und nur ein Referent ohne akademische Grade. Die restlichen Herren bestanden aus Doktoren und Professoren. Es lässt sich denken, wie mir zumute war. Mit Hilfe von Meridianklopfen, insbesondere Thymusklopfen, war ich in der Lage angstfrei ans Podium zu schreiten und mein illustres Publikum von den o.g. Behandlungsmethoden zu überzeugen, ja zu begeistern.*
Hätte ich geahnt, dass es auch Mitschnitte gab, wäre meine Panik noch heftiger gewesen.

BSSF - das Unterbewusstsein als Assistenz für eigene Zielsetzungen

Holen Sie sich diesen wichtigen Assistenten ins Boot und lassen sich dabei helfen, dass Ihre Pläne und in diesem Fall Ihre Reden zu optimalen Ergebnissen gelingen.

Der amerikanische Psychologe **Dr. Larry Nims** hat aus der Methode des Meridianklopfens ein System entwickelt, das sich ausgezeichnet zur Selbstheilung/Selbstbehandlung anwenden lässt. **BSFF = Be Set Free Fast.** Es geht darum, sich von störenden Blockaden, von angestammten von Ängsten und Befürchtungen zu befreien.

Mit Hilfe eines selbstge-wählten Codewortes ist es möglich, dem Unterbewusstsein Aufträge zu erteilen, es prak-tisch zum Verbündeten für die eigene Sache machen. BSFF entfernt auf einfache, schnelle und sanfte Weise alle negativen Emotionen, Erfahrungen, Verhaltens- und Denkweisen. Es neutralisiert auch hemmende Glaubenssätze, die unsere Probleme immer wieder aktivieren und unser Leben bestimmen.

Ich selbst kommuniziere mit meinem Unterbewusstsein, indem ich die flache Hand auf die Thymusregion lege. Diese gilt als Eingangspforte für das Unbewusste. Dabei nenne ich mein Codewort und bedanke mich zunächst für jede der Unterstützungen. Diese mache ich mir dafür laufend bewusst. Dann trage ich meine aktuellen Anliegen vor und bitte auch dafür um Unterstützung. Das kann im Zusammenhang mit einer geplanten Rede sein:

- ✓ Ich bitte darum, dass mir viele schöne Formulierungen einfallen für meine Rede
- ✓ Ich bitte um eine energievolle Ausstrahlung damit mein Vortrag Spannung hat
- ✓ Ich bitte darum, mit Freude angefüllt zu sein, die sich auf das Publikum überträgt
- ✓ Ich wünsche mir Gelassenheit, damit ich unaufgeregt meine Sache vortrage
- ✓ Ich möchte viel Überzeugungskraft in meine Rede legen

So kann ich a l l e s sagen, mir wünschen, darum bitten, was mir auf der Seele liegt. Danach nenne ich wieder mein Codewort und signalisiere damit das Ende meiner Session. **Bewusstmachen** ist der Schlüssel für dieses geniale Verfahren.

Probieren Sie bitte die Kommunikation mit Ihrem Unterbewusstsein aus. In meinem Buch **MERIDIANKLOPFEN - Raus mit der Angst aus Ihrem Leben**, habe ich die Methode näher erläutert. Ich wende sie täglich an, und verzeichne mit dieser Methode überraschend positiven Ergebnissen.

In eigener Sache

Insgesamt habe ich einschließlich der E-Books, schon 25 Bücher geschrieben. Die meisten beziehen sich auf alternatives Heilen und auf Ernährung. Darunter sind 3 Bestseller, von denen inzwischen zwei nur als Ausgaben als Rowohlt-Taschenbücher erhältlich sind. Insgesamt haben bereits eine dreiviertel Million Leser, auch in China und in Polen, meine Bücher gefunden.

Meine letzten 6 Bücher habe ich als SELFPUBLISHER herausgegeben, und werde das auch in Zukunft so halten. Das heißt, ich mache alles alleine: Entwurf für Cover, Fotos, Formatieren der Texte und das Vermarkten. Dazu habe ich viel lernen müssen in Bezug auf die gestalterischen Elemente. Immer frei nach dem Motto: „was Hänschen nicht lernt, lernt Hans mit großer Begeisterung!" Es ist also keineswegs eine Alterfrage, wenn man zu *Neuen Ufern* aufbrechen möchte. Hier nun meine neuesten, meine ureigenen „Werke":

Japanisches Heilströmen PRAXISBUCH
Versehen mit vielen Fotos und Gafiken dokumentiert das Buch sehr anschaulich diese *Selbsthilfemethode*. Man kann praktisch, ohne Vorkenntnisse, gleich damit loslegen um sich selbst bei Alltagswehwehchen zu helfen. Aber auch bei chronischen Erkrankungen wird es mit dieser Behandlungsweise möglich, die eigene Gesundheit zu unterstützen und Heilung zu fördern.

HAUSAPOTHEKE Japanisches Heilströmen
Dieses handliche Ratgeberbuch für die *Selbstanwendung* sollte man tatsächlich „zur Hand" haben wenn rasche gesundheitliche Unterstützung nötig ist. Fotos und Texte erläutern, wie und wo genau geströmt werden kann.

MERIDIANKLOPFEN – raus mit der Angst aus Deinem Leben!

Erfahren Sie und er-spüren Sie, wie leicht es ist, den Lebensweg zu gehen, wenn die Ängste, die den Alltag beherrschen, keine Rolle mehr spielen. Mit Hilfe dieser Methode kann sich jeder selbst dabei helfen, seelische und körperliche Blockaden aufzulösen. Anwender, aber auch Therapeuten erzählen, wie sie das Meridianklopfen für ihr Wohlbefinden nutzen.

EssSucht – 8 einfache Regeln für eine suchtfreie Zukunft.
In diesem Ratgeberbuch wird erläutert, wie EssSucht, aber auch jede andere Sucht überwunden werden kann. Neben handfesten Tipps, sind einige Erfahrungsberichte von Anwendern des Konzeptes und Rezepte samt Fotos, für Betroffene hilfreich.

Gesunde Ernährung für Kinder
Von einer guten Ernährung hängt alles ab. Nicht nur Kinder, auch Erwachsene benötigen für ihre Gesundheit die Nährstoffe, die für den Erhalt aller Systeme für Körper, Geist und Seele nötig sind. Viele Rezepte und gute Tipps ermöglichen leichte Umsetzung der Erläuterungen.

TRENN-KOST – Geheimcode der Prominenz mit der Lizenz zum Schlemmen
Wenn von Gesundheit und dem überraschend verjüngten Aussehen und der neu gewonnen schlanken Linie die Rede, ist es lange kein Geheimnis mehr, dass hier die Trennkost zum Einsatz kam. Es lohnt sich, mit dieser einfachen und leicht anzuwendenden Ernährungsweise zu beschäftigen. Wer selbst erlebt hat, was das Sortieren der Nahrung nach Verdaubarkeit

Geplant und in Arbeit sind:
Videos: als Ergänzung zum Japanischen Heilströmen und des Meridianklopfens u.v.m.
Bücher: Anti-Aging-zum-Nulltarif, Berlin is(s)t VEGAN, Alleinsein ist doof und andere Themen
Ausbildungspaket: wer die Meridiantechniken, oder auch das Ernährungskonzept in als Therapeutin, als Therapeut anwenden möchte, oder das Wissen als Seminarleiter oder als

Seminarleiterin weitergeben will, findet hier den speziellen Wegweiser für eine erfolgreiche Praxisgründung, für gesetzliche Bestimmungen und über Werbewege, um Klienten, resp. Seminarteilnehmer zu gewinnen. Auf meiner Website *www.ingrid-schlieske.de* gibt es demnächst, wenn Sie sich dafür interessieren, ausführlichere Erläuterungen unter dem <u>Navigationspunkt</u>: *Therapeutenausbildung.*
.

Meine Bücher sind bei *AMAZON* erhältlich, oder auch bei *www.vegetarischerVersand.de*, der viele leckere Produkte führt, die auch ich gerne verwende und an deren Entwicklung ich zum großen Teil maßgeblich beteiligt war. *Besuchen Sie bitte* meine beiden BLOGS: *www.meridian-energie-technik-MET.de ,* sowie *www.gesundheit-das-portal.de*

Schauen sie bitte immer mal bei *YouTube* vorbei und sehen sich meine kleinen Videos an, auf denen Gesundheitstipps veranschaulicht werden, welche die Darstellungen meine Bücher teilweise visuell ergänzen oder wo ich einfach nur eine kleine Geschichte oder auch ganz viele Geschichten für kleine und große Kinder erzähle.
Auch bei *Facebook* bin ich umfangreich vertreten und sende Ihnen auf diesem Wege viele Tipps und Nachrichten. Besuchen Sie mich also bitte:

facebook   Ingrid Schlieske
                  Japanisches Heilströmen
                  Meridianklopfen
                  Gesundheit das Portal
                  Trennkost

Und nicht vergessen: **LIKEN und TEILEN!**
Danke, und viel Spaß,

Ihre Ingrid Schlieske